职业教育"十三五"改革创新规划教材

网络文案写作

陈 敏 主编
周 江 葛 清 赵亚龙 副主编

清华大学出版社
北京

内容简介

本书是根据劳动和社会保障部颁布的《电子商务师国家职业标准》要求，立足于培养具备网络运营管理能力的高技能型电子商务专门人才而编写的实战型教材。本书主要内容包括网络文案基础、网络广告、网络软文、博客与微博客、BBS论坛、电子邮件、企业简介、产品描述与产品说明书、网络广告新闻、网络事件营销和网络策划。

本书可作为职业院校电子商务、市场营销类专业教材，也可作为电子商务从业人员，经济、管理、信息系统等领域专业人员的参考用书。

本书封面贴有清华大学出版社防伪标签，无标签者不得销售。
版权所有，侵权必究。举报：010-62782989，beiqinquan@tup.tsinghua.edu.cn。

图书在版编目（CIP）数据

网络文案写作/陈敏主编. —北京：清华大学出版社，2018（2025.2重印）
（职业教育"十三五"改革创新规划教材）
ISBN 978-7-302-49005-0

Ⅰ.①网… Ⅱ.①陈… Ⅲ.①电子商务—文书—写作—职业教育—教材 Ⅳ.①F713.36

中国版本图书馆 CIP 数据核字（2017）第 294397 号

责任编辑：左卫霞
封面设计：张京京
责任校对：李　梅
责任印制：杨　艳

出版发行：清华大学出版社
网　　址：https://www.tup.com.cn，https://www.wqxuetang.com
地　　址：北京清华大学学研大厦A座　　邮　编：100084
社 总 机：010-83470000　　邮　购：010-62786544
投稿与读者服务：010-62776969，c-service@tup.tsinghua.edu.cn
质量反馈：010-62772015，zhiliang@tup.tsinghua.edu.cn
课件下载：https://www.tup.com.cn，010-83470410

印 装 者：涿州市般润文化传播有限公司
经　　销：全国新华书店
开　　本：185mm×260mm　　印　张：9　　字　数：206千字
版　　次：2018年3月第1版　　印　次：2025年2月第6次印刷
定　　价：39.00元

产品编号：074835-02

FOREWORD

前言

"十二五"期间,电子商务被国家列入战略性新兴产业的重要组成部分。2017年6月14日,中国电子商务研究中心和赢动教育共同发布了《2016年度中国电子商务人才状况调查报告》。报告显示,截至2016年12月,中国电子商务服务企业直接从业人员超过305万人,由电子商务间接带动的就业人数已超过2240万人,85%的电商企业存在人才缺口,相比2015年,提升了10个百分点,企业的管理难度在不断加大。电商企业的整体发展状况良好,人才需求非常旺盛。

高速的行业发展,造成电子商务领域巨大的人才真空,富有经验或者能快速上手的电子商务人才更是稀缺。根据岗位调研,网络文案写作是电子商务人才岗位的重要技能之一,而现在市场上缺乏电子商务网络文案写作方面的教材,在提升学生专业核心技能方面存在不足。本书正是针对这一现状,专门为高职高专电子商务专业网络文案写作课程编写的实战型教材。

本书有以下特点。

(1) 以科学发展观为指导,在服务地方经济发展的前提下,以职业技能为培养目标,以就业为导向,注重对学生职业技能和职业素养的培养。

本书立足于培养具备网络运营管理能力的高端技能型电子商务专门人才,在编写过程中以真实项目为依托,以传统中小企业为对象,运用项目教学、案例教学等方式,将网络文案写作与地方特色经济相结合,提高学生网络文案写作的能力,培养学生的综合素质和创新意识。

(2) 注重对接职业标准、岗位要求,在培养学生职业技能的同时,注重对学生进行思想道德、民族优秀传统文化的教育。

电子商务是在虚拟网络环境下从事的商务活动,要求从业者具备诚信、敬业、创新、团队合作等职业素质。因此,本书在培养学生多种常见网络文案写作技能的同时,有意识地在各项目描述中,将项目商业活动与项目的文化内涵结合,对学生进行思想道德、民族优秀传统文化的教育。

(3) 本书编写时与电子商务企业合作,引进行业的最新案例、技术、方法,与行业紧密结合,内容层次分明、框架清晰,具有较强的科学性和启发性。

(4) 本书以实战为目的,提供了完成写作任务所必需的写作理论知识及相关范例。同时,书中还提供了编者在教学实践中收集的学生习作文案,供学习者学习、借鉴,帮助学习者提升网络文案写作能力。

本书建议学时为44学时,具体学时分配见下表。

项目	建议学时	项目	建议学时	项目	建议学时	项目	建议学时
项目一	4	项目四	4	项目七	4	项目十	4
项目二	4	项目五	4	项目八	4	项目十一	4
项目三	4	项目六	4	项目九	4		
总计	44						

本书由成都职业技术学院陈敏担任主编,负责编写思路的确定和正文的编写工作。成都职业技术学院周江、四川诚智网络服务有限公司总经理葛清、成都传美科技有限公司总经理赵亚龙担任副主编,他们对编写思路提供了参考意见,为本书提供了来自企业实践的相关资料和实例,强化了本书的实战型特点。

随着网络技术的日新月异,近两年我国电子商务发展迅猛,网络营销手段不断创新,网络文案形式和内容也在不断推陈出新。本书在编写过程中,为了贴近电子商务网络营销实际,除了在书中注明的参考文献和参考网站外,编者还借鉴和参考了许多相关教材与互联网上网络文案写作的相关资料,援引了一些优秀范例,在此向这些文献资料和网络信息资源的原作者表示衷心的感谢。本书在编写过程中,得到了学校有关领导、出版社有关编辑的大力支持和帮助,在此深表感谢!

由于编者学识的局限,书中缺点、错误在所难免,敬请专家、学者及读者朋友们批评指正。了解更多教材信息,请关注微信订阅号:Coibook。

陈　敏

2017年11月

CONTENTS 目录

项目一　网络文案基础 … 1
　一、情景导入 … 1
　二、任务及要求 … 1
　三、习作文案展示 … 2
　四、相关知识 … 4
　五、范例欣赏与解析 … 7
　六、项目技能训练 … 9

项目二　网络广告 … 11
　一、情景导入 … 11
　二、任务及要求 … 11
　三、习作文案展示 … 12
　四、相关知识 … 13
　五、范例欣赏与解析 … 31
　六、项目技能训练 … 33
　附文　手机短信广告文案 … 34

项目三　网络软文 … 37
　一、情景导入 … 37
　二、任务及要求 … 37
　三、习作文案展示 … 38
　四、相关知识 … 39
　五、范例欣赏与解析 … 44
　六、项目技能训练 … 47

项目四　博客与微博客 ··· 50

　　一、情景导入 ··· 50
　　二、任务及要求 ··· 50
　　三、习作文案展示 ··· 51
　　四、相关知识 ··· 52
　　五、范例欣赏与解析 ·· 56
　　六、项目技能训练 ··· 57
　　附文　微信营销 ··· 58

项目五　BBS 论坛 ·· 61

　　一、情景导入 ··· 61
　　二、任务及要求 ··· 61
　　三、习作文案展示 ··· 62
　　四、相关知识 ··· 64
　　五、范例欣赏与解析 ·· 69
　　六、项目技能训练 ··· 70

项目六　电子邮件 ·· 72

　　一、情景导入 ··· 72
　　二、任务及要求 ··· 72
　　三、习作文案展示 ··· 73
　　四、相关知识 ··· 74
　　五、范例欣赏与解析 ·· 77
　　六、项目技能训练 ··· 78

项目七　企业简介 ·· 81

　　一、情景导入 ··· 81
　　二、任务及要求 ··· 81
　　三、习作文案展示 ··· 82
　　四、相关知识 ··· 83
　　五、范例欣赏与解析 ·· 85
　　六、项目技能训练 ··· 87

项目八　产品描述与产品说明书 ··· 89

　　一、情景导入 ··· 89
　　二、任务及要求 ··· 89
　　三、习作文案展示 ··· 90

  四、相关知识 ··· 94
  五、范例欣赏与解析 ··· 99
  六、项目技能训练 ··· 101

项目九　网络广告新闻 ··· 104
  一、情景导入 ··· 104
  二、任务及要求 ··· 104
  三、习作文案展示 ··· 105
  四、相关知识 ··· 105
  五、范例欣赏与解析 ··· 108
  六、项目技能训练 ··· 110

项目十　网络事件营销 ··· 113
  一、情景导入 ··· 113
  二、任务及要求 ··· 113
  三、习作文案展示 ··· 114
  四、相关知识 ··· 115
  五、范例欣赏与解析 ··· 121
  六、项目技能训练 ··· 122

项目十一　网络策划 ··· 124
  一、情景导入 ··· 124
  二、任务及要求 ··· 124
  三、习作文案展示 ··· 125
  四、相关知识 ··· 128
  五、范例欣赏与解析 ··· 131
  六、项目技能训练 ··· 134

参考文献 ··· 136

项目一

网络文案基础

 项目技能要求

(1) 了解网络文案的含义。
(2) 明确网络文案写作的重要性。
(3) 初步感知网络营销活动涉及的多种文案形式、特点及其用途。

一、情景导入

赵君是某地高职学院电子商务专业的一名学生,他热爱自己所学的专业,梦想在电子商务领域有所成就。经过两年的专业学习,大三实习的时候,他在当地国际商贸城找到了一份从事网络文案写作的顶岗实习工作。

到岗不久,主管领导发现赵君对网络文案的认识和了解不足,文案构思和写作能力亟须提高。

二、任务及要求

1. 任务

"三八"国际妇女节将至,主管领导让赵君利用网络媒介查找近期与"三八"国际妇女节相关的网络营销活动的信息,收集相关文案。

2. 要求

(1) 认真阅读分析收集到的文案。

（2）分别谈谈这些文案的形式、特点及其用途。

（3）明确网络营销活动需要拟写网络文案的各个环节。

三、习作文案展示

接到主管领导布置的任务后，赵君马上忙碌起来。

互联网上围绕"三八"国际妇女节开展的产品营销活动丰富多彩。以美容护肤品、卫生巾、箱包、服装等为主打商品，不仅各个网店、各大商场专柜都推出了直接以女性为服务对象的产品，连餐饮、旅游、保险公司等都力图搭上这班车，推出一些为女性量身定制的专项产品。

这些网络营销活动发布的网络营销文案五花八门、形式多样：有网站巨幅网络广告，有微博、微信发布产品、活动信息，有社交论坛发帖，有电子邮件推送，有网络广告新闻宣传，各网店网页上的企业说明与产品描述等。

这些网络文案围绕其网络营销活动服务：有的直接传播产品、服务信息，有的为营销活动宣传、造势等。

赵君一方面积极收集这段时间网络上的产品营销活动信息和相关文案；一方面按照主管领导的要求认真分析手中的资料。几天后，他向主管领导递交了一份本次收集整理的淘宝部分文案及其分析报告。

文案 2016年淘宝天猫"3.8女王节"文案解析

淘宝把"三八"国际妇女节定名为"3.8女王节"，把营销对象直接定位指向女性，同时又间接指向包括丈夫、情侣、儿女在内的有购买需求的广大人群，如图1-1所示。

图 1-1

在淘宝的"3.8女王节"旗帜下，以天猫平台的保障性来赢得消费者的信任，如图1-2所示。

图 1-2

创建微博互动话题：女人就该女王范，如图1-3所示。

微博平台利用大V发布文案，用简短的对梦想的讨论吸引网民关注讨论，激发网民的购买热情，如图1-4所示。

图 1-3

图 1-4

淘宝的网页宣传：利用红包、折后再减等关键词吸引消费者，如图1-5所示。

图 1-5

"美"是女人永恒的话题。一则美妆洗护广告文案，以美丽宣言为主题，以鲜明的色彩、简短的文字来吸引目标对象，如图1-6所示。

图 1-6

解析：
(1) 文案的长度并不重要，重点在于措辞吸引人的程度。
(2) 了解、熟悉各个网络平台的特点，准确定位目标，把广告投放到目标人群更容易看到的恰当位置，网络文案才能产生更大的广告效应。
(3) 主题鲜明、图文结合、简短有力的文案更容易吸引消费者的关注。

四、相关知识

1. 网络文案的含义

(1) 文案原指放书的桌子，后来指在桌子上写字的人。现代文案的概念来源于广告行业，是"广告文案"的简称，由 copy writer 翻译而来，多指广告信息内容的文字表现形式。

(2) 网络文案是指因网络营销活动需要而产生并在网络营销活动过程中使用的文字材料。广义的网络文案也包括相关图片、视频、音频等。

2. 网络文案的特点

1) 写作目的明确性

网络文案的写作是从事电子商务的企业或个人，因网络营销活动需要，围绕着网络营销活动展开的，为网络营销活动服务而进行的写作，因此具有十分明确的目的性。

2) 写作内容专业性

网络营销活动需要将消费心理、经济、营销、公关、客户管理等多种学科知识相结合，涵盖较广的知识领域，是综合性较强的活动。在写作中，文案会涉及大量相关的专业知识，可能会使用较多的行业术语，这些都体现了网络文案写作内容的专业性特点。

3) 写作形式多样性

网络文案写作围绕着网络营销活动的开展而进行，由于网络营销活动是丰富多样的，文案发布的网络平台多样又有着各自鲜明的特点，网络文案也相应地呈现出形式的多样性。

4) 写作活动时效性

网络文案围绕着整个网络活动的开展而进行，只要活动结束，前期、中期写作的文案也将自动失去效力。因此，在活动期间，相关文案都需要及时、迅速地拟写和发布，讲求时效。

3. 网络文案的作用

1) 提供网络营销活动信息

写作网络文案是为了使网络营销活动的各方参与者获取相关信息，因此通过互联网发布文案、传播信息，以便网络营销活动顺利进行，这是它的首要作用。

2) 记录网络营销活动过程

网络文案是记录整个网络营销活动的文字凭证，它真实地记载网络营销活动的全过程，并通过各种文案的拟写，将网络营销活动各环节的工作进行必要的记录，然后进行分析、归纳和整理,更好地为网络营销活动服务。

(1) 在网络营销活动前期,要拟写活动整体策划等文案,以便整个活动有目的、有计划地进行。

(2) 在营销活动开始阶段,要拟写活动涉及的企业、商品、活动的形式和具体内容等分项策划文案,为活动宣传、造势。

(3) 在营销活动中期,要实时拟写活动情况文案,用以宣传活动、持续推进活动,进而把活动推向高潮。

(4) 在营销活动后期,要拟写活动概况、收官等文案,用以对整个活动进行成果、经验、教训的总结。

3) 促进网络营销活动参与者之间的沟通交流

网络营销是一项信息密集的交流活动,文案则是促进网络营销参与对象之间信息交流与沟通的一种有效的方式。如企业简介、商品介绍、活动消息、报道等。

4. 网络文案的分类

在电子商务网络文案工作中,经常撰写和使用的网络文案的种类可以根据不同的划分标准,分成不同的种类。

(1) 从网络营销角度,常见的网络文案有以下几种主要类型:

① 网络广告(Web Ad);

② 网络软文;

③ 博文与微博文;

④ BBS 论坛帖;

⑤ 电子邮件;

⑥ 企业简介;

⑦ 产品描述与产品说明书;

⑧ 网络广告新闻;

⑨ 网络促销计划书;

⑩ 网络策划书。

(2) 从电子商务工作事务出发,又可以做如下分类:

① 网络日常文案。

a. 企业网站及刊物的信息采编整合文案;

b. 网站日常维护与数据更新。

② 网络营销计划、组织阶段的文案。

a. 针对项目进行的市场调研文案;

b. 项目立项可行性研究报告;

c. 网络立项策划书;

d. 网络项目申办报告;

e. 网络活动邀请函。

③ 网络营销实施、运作阶段的文案。

a. 各类营销广告文案;

b. 网络信息、新闻发布稿等宣传资料文案；
　　c. 营销相关活动策划书；
　　d. 评估、分析营销活动实施中的阶段性效果，定期提出可行性报告。
　④ 网络营销总结、反馈阶段的文案。
　　a. 营销活动后的调查问卷；
　　b. 各类营销活动效果评估报告；
　　c. 各类营销活动后的工作总结。

5. 营销类网络文案写作的基本要求

本课程学习、研究的对象是营销类网络文案，其写作的基本要求如下。

1）了解目标市场和服务对象

每种产品都有自己的目标市场和服务对象，对目标市场和服务对象越了解，我们的文案就会越符合他们的需求。因此要写好营销类网络文案，必须了解目标市场和服务对象。明确了目标市场的特点和服务对象的需求，网络文案才会有的放矢，也才能对网络营销活动起到积极的促进作用。

2）研究营销产品，了解产品的优势和特点

由于假冒伪劣产品的存在，如今人们对产品的信任度不高。要激发网民购买网络文案宣传和推广的产品，必须获得网民对产品的好感和信任。

好文章总来自真感情。对自己不了解优势和特点的产品，是很难写出发自内心、能打动网民、激发网民购买欲的好文案的。所以要写好营销类网络文案，我们必须研究营销产品，了解其优势、特点所在，自己先对产品产生好感和信任。有了这样的信任和了解，才能在文案中明确体现促使目标消费者购买产品的理由，如产品是品质优越，还是信誉良好，或是服务有保障等。

3）文案主题鲜明、生动

任何形式的网络文案，我们在选材和构思时，面对纷繁芜杂的材料，都应该精心选取最能说明主题的材料，紧紧围绕主题谋篇布局，使文案的主题鲜明而生动，这样才能吸引网民，把网民引向我们的目标市场。

4）文案完整规范，简短精练

内容离不开形式，好的形式能更好地为内容服务，文案结构不完整规范，必将导致文案面目可憎，损害内容的表达。

好的文案不一定就是短文案，篇幅长短应由文案内容决定。但是网络文案发布的网络平台的特点以及人们"扫描式"阅读习惯又要求我们在网络文案的写作中，要特别注意文案的简短精练。因而无论哪种形式的文案写作，如果一个产品能用短文案表达清楚，就一定要短。

同时，我们要力求把重要的信息，以简洁的句子来表现，例如，把长的列表分割成几个小列表，把大块的文字两三句话就分成一段。

5）表达方式运用恰当

表达方式是表述特定内容所使用的特定的语言方法、手段，是文章构成的一种形式要素。

就文章的写作方法而言,主要有记叙、描写、抒情、说明、议论五种基本表达方式。网络文案的形式多种多样,不同形式的文案,需要选择与内容和发布平台相适应的表达方式,从而促使文案达到预期的效果。如故事性软文,通常需要综合运用记叙、描写、议论等表达方式,而新产品的介绍、推广,多运用记叙、说明性文字等。

五、范例欣赏与解析

范例1 成都佳卉花艺"三八"国际妇女节活动策划

(1) 活动背景:阳春三月,草长莺飞。在春暖花开的时节,女人们蛰伏了一冬的心苏醒过来了,生活的热情膨胀起来了。

"三八"国际妇女节将近,符合当今环保理念,比其他许多活动更健康、更时尚的插花活动,可以受到更多女性的关注和欢迎。

(2) 活动目的:树立品牌形象,推进服务及品牌影响力。

(3) 活动时间:3月8日。

(4) 活动主题:浪漫花语——美丽居家。

(5) 活动地点:成都佳卉花艺有限公司内。

(6) 活动环境布置及氛围营造。

① 活动会场门口设立有明显企业Logo标志的接待处。

② 会场内有醒目横幅"浪漫花语——美丽居家"。

③ 操作台面摆放好活动当天新进的新鲜花材、配材、插花工具。

④ 提供的茶水在会场右侧。

(7) 活动内容:家居插花。

(8) 活动实施步骤。

① 3月8日上午:服务人员引领陆续到来的学员入场。

② 九点三十分:活动正式开始,主持人上台主持开场活动。

③ 为学员配备的专业助理老师亮相。

④ 花艺师指导家居插花。

⑤ 在专业助理老师指导下,学员亲自动手操作,感受花艺的魅力。

(9) 宣传阶段策划。

第一阶段:活动前期宣传。

宣传时间:2月15—3月5日。

宣传形式:报纸和手机客户群发短信邀请客户来参加活动。

宣传内容:传达活动即将举行信息,如活动的主题及时间、地点。

媒体安排:以当地报纸、短信群发为主。

第二阶段:活动后期宣传。

宣传时间:3月9日。

宣传形式:软文宣传、论坛宣传、报纸宣传、广播电台宣传等,巩固活动效果。

(10) 费用预算(略)。

解析：

这是营销活动前期的总体策划文案，对整个营销活动起定位、引领的作用，使整个活动有目的、有计划地进行。

范例2　成都佳卉花艺"三八"国际妇女节活动广告

成都佳卉花艺"三八"国际妇女节活动广告如图1-7所示。

图　1-7

解析：

这是营销活动的一个网络广告文案，它通过对企业品牌、活动主题、主要内容，尤其是产品亮点、销售点的描述，对营销活动展开强势宣传。

范例3　兰蔻香水广告

兰蔻香水广告如图1-8所示。

图　1-8

解析：

作为兰蔻的一款产品营销广告文案，其最大的特点就是用大量感性的、内心体验式文字代替了客观的产品信息描述，抓住中高档化妆品用户的心理需求，大大激发了目标用户的产品想象。又以居中的位置，突出"已抢光"三字，从消费者购买行为出发，描述了其产品的热销和受欢迎程度。文案新颖独特，极大地激发了目标受众的购买热情。

六、项目技能训练

请以自己感兴趣的某一商品为对象，在网上收集相关网络文案，分别谈谈这些文案的形式、特点及其用途。

(1) 根据波士顿咨询集团的研究报告，中国的电子商务市场在2011年年底总价值为740亿美元，不及美国1770亿美元的一半。

但是中国已经拥有1.45亿网上购物者，而且随着网上购物越来越便捷，网站营销的商品更加丰富多样，网上购物将会成为越来越多消费者的选择。这将使中国的电子商务市场成为世界价值最高的电子商务市场。

根据中国电子商务研究中心报告：2015年上半年，中国网络零售市场交易规模达1.61万亿元，同比增长48.7%。网络零售市场交易规模占到社会消费品零售总额的11.4%，同比增长31%。网络用户规模达4.17亿人，同比增长19.1%。

据《新京报》报道：2015年"双十一"，淘宝单日成交量达到570亿美元，覆盖的国家和地区已经达到217个。

(2) 美国纽约福德姆大学教授保罗·莱文森在《新新媒介》中提出了当代媒介的"三分说"。

旧媒介：互联网诞生之前的一切媒介都是旧媒介，它们是空间和时间定位不变的媒介，如书籍、报刊、广播、电视、电话、电影等。书籍里的知识锁死在一个地方，不去翻检就不能获取。报刊有周期，出版之前只能苦等。电影、电视有节目表，不到时候你就看不到。旧媒介的突出特征是自上而下的控制、专业人士的生产。

新媒介：指互联网上的第一代媒介，成熟于20世纪90年代中期。其界定性特征是一旦上传到互联网上，人们就可以使用、欣赏，并从中获益，并且是按照使用者方便的时间去使用，而不是按照媒介确定的时间表去使用。新媒介的例子有电子邮件、亚马逊网上书店、iTunes播放器、报刊的网络版、留言板、聊天室等。

新新媒介：指互联网上的第二代媒介，成熟于20世纪，兴盛于21世纪，例子有博客网、维基网、"第二人生"、聚友网、脸谱网、播客网、掘客网、优视网、推特网等。其界定性特征和原理：①其消费者即生产者；②其生产者多半是非专业人士；③个人能选择适合自己才能和兴趣的新新媒介去表达与出版；④新新媒介一般免费；⑤新新媒介之间的关系既相互竞争,又相互促进;⑥新新媒介的服务功能胜过搜索引擎和电子邮件;⑦新新媒介没有自上而下的控制;⑧新新媒介使人人成为出版人、制作人和促销人。

　　新新媒介也有弊端,如知识产权的侵犯、信息垃圾、流言、攻击、煽动、欺凌、盯梢、恐怖活动等。

　　新新媒介是完全处于人的掌握之中的,电子商务利用它们为商务活动服务,从而获得了比传统商务更经济、高效、便捷的优势,越来越受到人们的欢迎。

项目二

网络广告

 项目技能要求

(1) 了解网络广告文案的标题和口号的区别。
(2) 了解网络广告文案的特点和主要形式。
(3) 了解网络广告文案的基本结构形式和写作要求。
(4) 能根据具体营销活动拟写网络广告文案。

一、情景导入

赵君所在的国际商贸城中,有一家"鑫鑫木器店",店里商品琳琅满目,有实木茶具、茶盘、台灯、办公屏风、办公桌、办公椅、文件柜、资料柜、办公沙发、电脑桌等,它们或机械制作,或纯手工制作,或半手工半机械制作,有杉木、松木、金丝楠木、小叶紫檀、黄杨木、花梨木、红木等,看起来木质坚韧、纹理细密、色泽光亮,价格有 50 元的茶具,也有一件上万元的屏风、桌椅。

在植树节来临之际,店主吴先生想趁机做一下网络广告,拓宽自己的经销渠道。

二、任务及要求

1. 任务

吴先生请赵君为自己的"鑫鑫木器店"拟写一篇网络广告文案。

2. 要求

（1）文案标题新颖独特、体现主题。

（2）文案内容有创意。

（3）要考虑消费者利益，出现品牌、企业名称。

三、习作文案展示

赵君接受任务后，首先进行了一番市场调查，然后收集和研读了网上同类产品的资料。经过认真思考，拟写出了几个自己比较满意的文案。

文案1

鑫鑫木器店文案1如图2-1所示。

图 2-1

文案2

鑫鑫木器店文案2如图2-2所示。

图 2-2

文案3

鑫鑫木器店文案3如图2-3所示。

图 2-3

四、相关知识

1. 网络广告的含义及特点

1) 网络广告的含义

网络广告(Web Ad)指建立在计算机、通信等多种网络技术和多媒体技术之上,运用专业的广告横幅、文本链接、多媒体的方法,在互联网刊登或发布的广告。

广义上说,企业在互联网上发布的一切信息,如电子邮件、搜索引擎关键词、搜索固定排名,包括企业的互联网域名、网站、网页等都是网络广告。

2) 网络广告的特点

与报纸杂志、广播电视等传统媒体广告相比,网络广告具有以下特点。

(1) 传播的广泛性。一般印刷媒体以及广播几乎都受到时间和空间的限制。如上海的读者一般看不到《北京晚报》的报纸广告;电视广告不能在一天 24 小时都不停地播放。而在网络上,这些都不成为问题,无论何时何地,打开相同的网页,网络广告都能在受众面前及时出现。

(2) 传播的非强迫性。这是网络广告与传统媒体广告最根本的区别。传统媒体广告,在特定的时间和空间,不管受众愿意与否,必然出现在受众面前,传播带有强迫性。而在网络世界中,由于在同一网页中可浏览的信息众多,广告内容能否传播,要看网民主动点击与否,因此网络广告不仅仅单方面传递信息,还需要唤起网友主动的"点击"行动。

(3) 传播的针对性。网络广告与传统媒体广告相比具有定向传播的特点。互联网上有一些专业性很强的网站,如汽车类的"中国汽车网",医疗卫生类的"三九健康网",IT 类的"中关村在线"等,即便是综合性门户网站新浪、搜狐、网易等也有自己非常专业的下属频道。相应地,在这些网站上投放的与之内容相关的广告就非常有针对性,因为浏览这些网站的网民不是产品的目标消费者就是潜在消费者。他们对该类广告信息比普通人更感兴趣,因而主动点击率更高。

(4) 传播的互动性。在网络传播中,由于网民可以自由传播信息、发表评论,成了一级传播主体,因此传统的"主体—客体"的传播就演变成了"主体—主体"的传播,传受之间互动性大为增强。网络中的一些竞猜、投票、游戏类广告就典型地反映了这一特点。

(5) 传播的及时性。相对于一般印刷媒体和电视、广播来说,网络的自由链接的特性,使得互联网几乎成了一个没有任何界限的广告发布媒体。人们可以在第一时间了解产品广告的内容,并做出相应的反馈。

(6) 传播的多媒体性。多媒体的特性是人们认知网络的最大特性之一。进入网络世界,看到的是由画面、文案、声音共同组合而成的五彩斑斓的世界。在这一点上,它给广告人提供了无限创意的空间,既可以选择一般印刷媒体所采用的文图混编的模式,也可以通过动画演示像电视媒体一样用生动的画面来吸引受众,还可以加入音乐,将受众的听觉积极调动起来。

(7) 广告效果的可预测性。与传统的媒介广告到达率相比较,网络媒体上的广告效果测算要简单得多,受众对某一条广告的点击率,以及在点击后的实际购买率,包括受众查阅信息的分布范围和时间等,都可以通过网络服务器查找,而通过这些数据的收集与分析,能有效地对广告效果进行预测。

2. 网络广告的主要形式

随着网络科技的不断发展,网络广告也在不断推陈出新,其主要形式有很多,常见的如下。

1) 旗帜广告

旗帜广告也称为横幅广告、网幅广告,是横跨网页上方或下方的小公告牌,也是当前网络广告中最常见、最有效的广告形式之一。旗帜广告有静态、动态和交互式三种,如图 2-4 所示。

图 2-4

旗帜广告的特性如下。

(1) 经济性。与其他传统广告媒体比较,旗帜广告投入成本较为低廉,因此,旗帜广告在价格上具有较强的竞争性。

(2) 交互性。与传统媒体相比,旗帜广告的最大优点就是它的交互性。采用交互式界面,广告浏览者可以方便地通过文字、图像、声音等方式在线提交申请表单,向厂商请求咨询或服务,或者向厂商提出自己的意见和要求。厂商也能够在很短的时间里收到信息并根据客户的要求和建议及时做出积极反馈。

(3) 实时性。在传统媒体上,广告发布后很难进行改动;而旗帜广告可以随时更改,且花费很小不会造成浪费。广告主可以随时调整价格、商品信息。

(4) 广泛性。就目前而言,在互联网上发布旗帜广告,其所面向的客户对象是全世界的互联网用户,而且这个用户群正在快速增长。

旗帜广告通常为长方形,置于页面顶部,最先映入网络访客眼帘,因此创意绝妙的旗帜广告对于建立并提升客户品牌形象有着不可低估的作用。动态旗帜广告时长一般为3~5s,因其时限性,所以应适当缩减文字,增加图片,提高广告的可读性。

2) 链接广告

链接广告是以文字、图片或按钮等形式,放置在热门站点的Web页上,可以直接访问的其他站点的链接。它的主要功能是提供通向厂商指定的网页(站点)的链接服务,也称为商业服务链接(Premium Sites)广告,如图2-5所示。

图 2-5

链接广告是一种对浏览者干扰最小,但却最有效果的网络广告形式。一般幅面很小,可以是一个小图片、小动画,也可以是一个提示性的标题或文本中的关键字。一方面,链接广告占用空间较少,通过减小面积来降低购买成本,让小预算的广告主能够有能力进行购买;另一方面,在网页上的位置比较自由,可以更好地利用网页中的零散空白位。

链接广告费用一般比较低,在进行购买的时候,广告主可以购买连续位置的几个按钮式广告位组成双按钮广告、三按钮广告等,以加强宣传效果。

3) 电子邮件广告

电子邮件广告是一种以电子邮件为传播载体,使用广泛的、直接而方便的网络广告形式,如图2-6所示。

图 2-6

直邮（EDM），又称许可邮件营销，是向事先同意接受这类广告信息的目标网络用户定向发送企业产品、促销活动、派发礼品、调查问卷等信息，并及时获得目标客户的反馈信息的电子邮件广告。那些未经许可而收到的电子邮件广告通常被网民视为垃圾邮件。

电子邮件广告具有针对性强、费用低廉的特点,且广告内容不受限制。其针对性强的特点,可以让企业针对具体某一用户或某一用户群发送特定的广告,为其他网络广告方式所不及。

4)网站栏目广告

网站栏目广告是指一些综合性网站和门户类网站上结合某一特定专栏发布的广告。这类广告很大一部分是赞助式广告,位置一般在各专栏的顶部,如图 2-7 所示。

图 2-7

网站栏目广告具有以下特性。

(1)实用性。以生活实用信息为主,满足大众日常生活需求。

(2)主动性。干扰和强迫成为传统广告传播的通行规则,已经造成受众的排斥。网络广告按主题归类,消费者根据需要可以主动阅读,因而越来越受到消费者的喜爱。

(3)规模性。大量同类的广告放在一起,形成网上"行业超级市场",方便消费者比较选择,凸显规模效应。

(4)廉价性。发布一条网络广告一天只需几元钱,广告主可以长期发布,从而形成"鹅毛效应"。

（5）自助性。广告主足不出户，就可以将文字、图片等丰富的广告内容发布到网络上。

5）插播式广告

插播式广告又称为弹出式广告或画中画广告，是访客请求登录网页时，网页下载过程中，在一个新开的小浏览窗口强制插入的一个广告页面或弹出的广告窗口。广告格式可以是任何 Web 标准，如 html、gif、jpeg、flash 格式等，如图 2-8 所示。

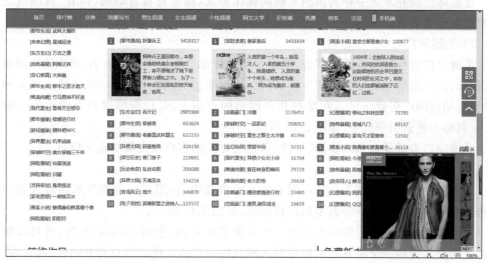

图 2-8

在插播式广告页面上，将会出现广告主的有关信息，与传统的条幅广告相比，插播式广告的点击率为 2%，相当于条幅广告点击率的 4 倍之多。一方面，插播式广告必定是浏览器最前方的窗口，所以不论用户看或不想看，都必须手动去把它关闭；另一方面，人们对移动的物件较为关注,插播式广告能有效地吸引用户的眼球。

目前由于插播式广告过分泛滥,很多浏览器或者浏览器组件加入了插播式窗口杀手的功能,以屏蔽此类广告。

6) 富媒体广告

富媒体广告一般是指使用浏览器插件或者其他脚本语言等编写的具有视觉效果和交互功能的网络广告,如图2-9所示。

图 2-9

富媒体广告并不是一种具体的互联网媒体形式,而是指具有动画、声音、视频或交互性的信息传播方法。

7) 关键字广告

关键字广告也称为关联式广告,就是每则广告都会提供一些关键字,当你使用搜索引擎(例如,国内最常见的搜索引擎百度、谷歌、中国雅虎、搜狐、搜狗等)搜索到这些关键字的时候,相应的广告就会显示在某些相关网站的页面上,是付费搜索引擎营销的一种形式,也可称为搜索引擎广告,如图2-10所示。

关键字广告的优点是以快捷、灵活、迅速的方式给客户以大量的相关信息。

8) 互动式游戏广告

互动式游戏广告是预先设计在网上的互动游戏中,利用互动游戏技术将嵌入其中的广告信息传递给受众的一种新型的广告形式,如图2-11所示。

互动式游戏广告可以随时出现在一段页面游戏开始、中间、结束的时候,并可以根据广告主的要求定做一个将其产品信息融入游戏中的广告。优点是具有互动性、趣味性、虚拟性、娱乐性、新颖性、知识性,可以很好地将广告信息传递给用户。

9) 对联式广告

对联式广告是指固定出现在页面第一屏左右两侧,通常在网站首页的中部位置,酷似我国传统的对联的广告,如图2-12所示。

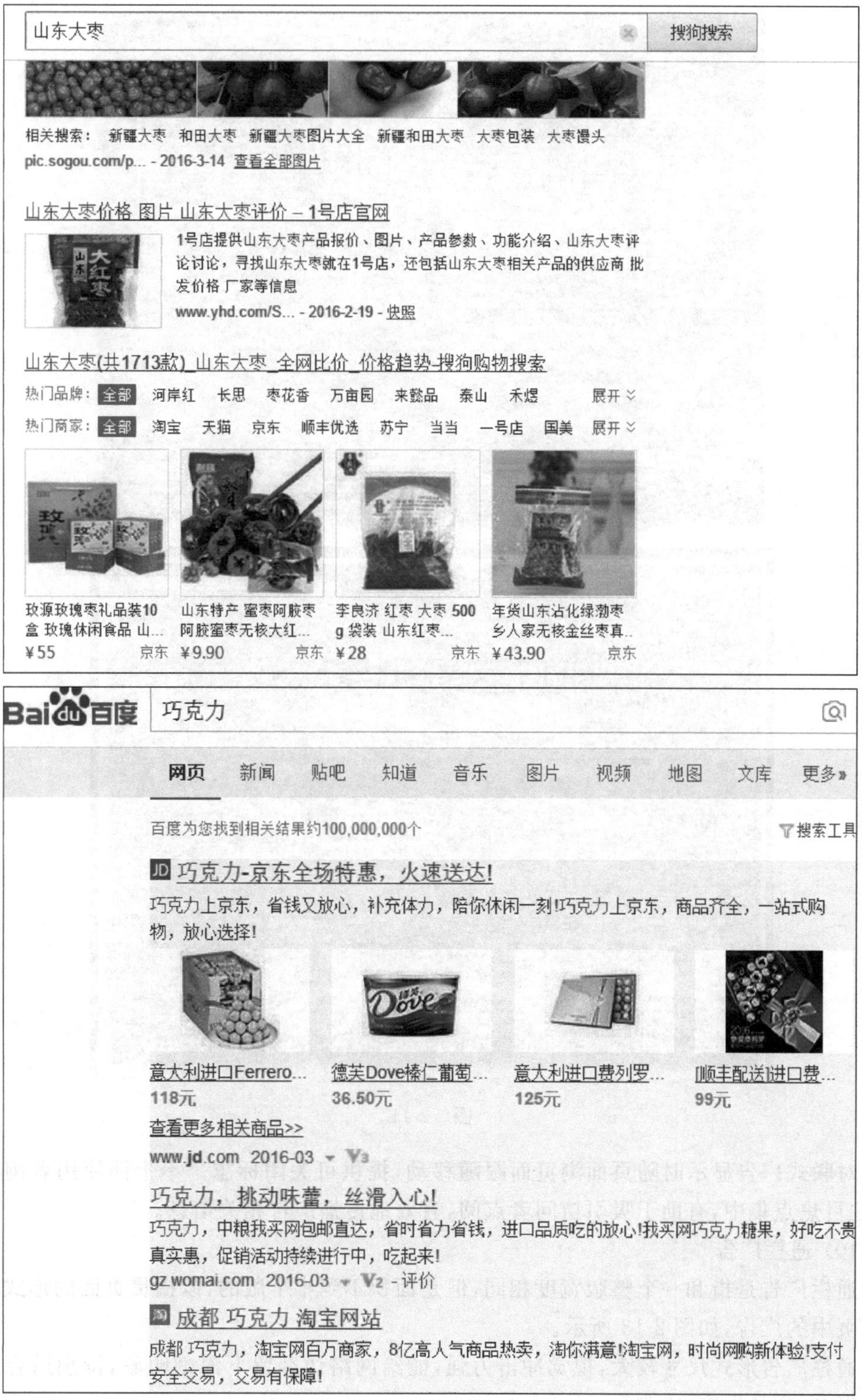

项目二 网络广告

相关搜索： 新疆大枣 和田大枣 新疆大枣图片大全 新疆和田大枣 大枣包装 大枣馒头
pic.sogou.com/p... - 2016-3-14 查看全部图片

山东大枣价格 图片 山东大枣评价 – 1号店官网

 1号店提供山东大枣产品报价、图片、产品参数、功能介绍、山东大枣评论讨论，寻找山东大枣就在1号店，还包括山东大枣相关产品的供应商 批发价格 厂家等信息
www.yhd.com/S... - 2016-2-19 - 快照

山东大枣(共1713款) 山东大枣_全网比价_价格趋势-搜狗购物搜索

热门品牌： 全部 河岸红 长思 枣花香 万亩园 来懿品 泰山 禾煜　展开》
热门商家： 全部 淘宝 天猫 京东 顺丰优选 苏宁 当当 一号店 国美　展开》

玫源玫瑰枣礼品装10盒 玫瑰休闲食品 山... 　山东特产 蜜枣阿胶枣 阿胶蜜枣无核大红... 　李良济 红枣 大枣 500g 袋装 山东红枣 　年货山东沾化绿勃枣 乡人家无核金丝枣真...
¥55 京东　　¥9.90 京东　　¥28 京东　　¥43.90 京东

Baidu百度 | 巧克力

网页　新闻　贴吧　知道　音乐　图片　视频　地图　文库　更多》

百度为您找到相关结果约100,000,000个　　　搜索工具

JD 巧克力-京东全场特惠，火速送达!
巧克力上京东，省钱又放心，补充体力，陪你休闲一刻!巧克力上京东，商品齐全，一站式购物，放心选择!

意大利进口Ferrero... 　德芙Dove榛仁葡萄... 　意大利进口费列罗... 　顺丰配送!进口费...
118元　　　　　　36.50元　　　　　　125元　　　　　　99元
查看更多相关商品>>
www.jd.com 2016-03 ▼ V3

巧克力，挑动味蕾，丝滑入心!
巧克力，中粮我买网包邮直达，省时省力省钱，进口品质吃的放心!我买网巧克力糖果，好吃不贵真实惠，促销活动持续进行中，吃起来!
gz.womai.com 2016-03 ▼ V2 - 评价

成都 巧克力 淘宝网站
成都 巧克力，淘宝网百万商家，8亿高人气商品热卖，淘你满意!淘宝网，时尚网购新体验!支付安全交易，交易有保障!

图　2-10

图 2-11

对联式广告显示时随页面浏览而跟随移动,提供可关闭标志。不干涉使用者浏览页面,注目焦点集中,有助于吸引访问者点阅,有效地传播广告相关信息。

10)通栏广告

通栏广告是指和一个整版宽度相同,但是面积不到半个版的,以横贯页面的形式出现在网页中的广告,如图 2-13 所示。

通栏广告形式尺寸较大,视觉冲击力强,能给网络访客留下深刻印象,特别适合活动信息发布、产品推广、庆典等。

图 2-12

图 2-13

11) 巨幅广告

网络上的巨幅广告是指一整张页面只有一则很大的广告,如图2-14所示。

图 2-14

巨幅广告通常用Flash制作,颜色很鲜明,具有动感、特炫的效果。特别吸引眼球,一般用于大型打折购物活动。

12) 悬停广告

悬停广告一般是指用户鼠标移入广告区之前,广告自动逐一播放,鼠标移到广告区后,广告随鼠标移动而切换,用户浏览过程中全程可见的一种广告形式,如图2-15所示。

悬停广告展示方式在网站上常见,是该网站设计网页界面的一部分。其变化很多,大小上一般是很小的矩形。

13) 赞助式广告

赞助式广告是广告主对自己感兴趣的网站内容、电视、电影或节目进行赞助的推广活动,如图2-16所示。

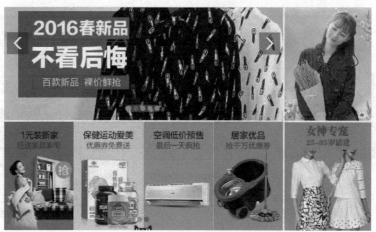

图 2-15

图 2-16

赞助式广告常见的有冠名赞助式广告、内容赞助式广告、节目/栏目赞助式广告、事件赞助式广告、节日赞助式广告等。

赞助式广告确切地说是一种广告投放、传播的方式,而不仅仅是一种网络广告的形式。一般放置时间较长且无须和其他广告轮流滚动,故有利于扩大企业知名度。

14) 擎天柱广告

擎天柱广告又称为摩天大楼广告,是固定出现在网站终端页面,利用网站页面左右两侧的竖式广告位置而设计,置于页面一侧或两侧的纵向巨幅广告,如图 2-17 所示。

图 2-17

擎天柱广告形式表现空间丰富,视觉冲击力强,可以直接将客户的产品和产品特点详细地说明,并可以进行特定的数据调查、有奖活动。

3. 网络广告文案的写作

1) 广告文案的基本结构

广告文案的基本结构一般由广告标题、广告语(广告口号)、广告正文、广告附文(随文)四个部分构成。

(1) 广告标题即广告作品的题目,一般位于广告文案最前面,在广告作品的整个版面中处于最醒目的位置。

广告标题应该突出最重要的广告信息,必须与广告正文放置在一起,提示广告正文内容;引起受众兴趣,诱导受众点击、阅读正文;并且直接诱发消费者产生购买行为,起到直接的促销作用。如春兰空调为延伸产品冬季的市场,在报纸上推出了一个系列广告,标题为:"超静节能,冷暖如意,把严冬关在门外",这一标题突出了冬季消费者最为关心的信息:春兰空调可以取暖。

(2) 广告语又称广告口号,是指表达企业理念或产品特征的、长期使用的宣传短句,是企业、商品、服务与受众之间的认知桥梁。如春兰集团的广告口号"科技无限,创造无限"表达了企业不断创新的理念,而康师傅方便面广告口号"香喷喷,好吃看得见"则揭示了产品的特性。

广告口号可以单独使用,在广告作品中的位置没有特殊的限制。

虽然广告标题与广告口号大多是文字比较简洁精练的短句,又都要反映出产品或企业的特征及优点等,两者相似相近,很容易混淆。但是,由于在广告中的地位和功能不同,两者的区别还是明显的。

首先,一则广告必须有标题,但可以没有广告口号,写作者可以把广告口号放在标题的位置上,让它身兼广告标题和广告口号两职。

其次,一则广告一个标题,标题不可以反复使用。但是,广告口号是企业理念或产品特征的表达,可以在不同的广告中反复使用。

最后,广告口号立足于对受众的传播,要求语义完整,朗朗上口,容易背诵,容易流传,语言风格倾向于口语化。广告标题立足于突出最重要的广告信息,吸引人阅读正文,文字可长可短,可以是一句话也可以是一个词或词组。语言风格可以口语化,但更倾向于书面语言。

如成都希望食品有限公司旗下品牌美好火腿肠,广告标题:"营养无处不在,美味随手可得。"广告口号:"我们的时代,我们的选择——美好火腿肠。""好肠,就是美好的!"

(3) 广告正文。广告口号和广告标题只是在一定程度上引起广告受众的注目和兴趣,而广告正文通过对标题、广告口号所提示的内容做进一步阐释和说明,促使受众产生购买欲望,从而采取购买行为。

广告正文的核心是对商品特点、消费理由做详细的介绍。

(4) 广告附文(随文)是对广告正文的有效补充,是将广告正文的完整结构中无法表现的有关问题做一个必要的交代,主要包括商品的品牌、企业名称、地址、电话、联系人、企业标志、权威机构证明标志、必要的表格等内容。一般出现在广告文案的结尾部分。

2) 网络广告文案的结构

网络广告文案的基本结构形式和其他媒体广告文案一样,一般也由广告标题、广告语(广告口号)、广告正文、广告附文(随文)四个部分构成。

但是,由于网络广告的载体差异性很大,网络广告文案的形式也是多样的,因此网络广告文案的结构并不拘泥于结构形式自身的完整,而是从广告的传播目的或销售目的出发,对基本结构进行简单的处理和安排。

在网络广告文案的四个构成部分中,广告标题承担着吸引消费者注意力的重任,广告正文则负责详细介绍产品和服务信息,在消费者被标题吸引后,及时地给予具体信息的支持,使广告真正打动消费者。从重要性来看,广告标题和广告正文是文案中应予以突出的关键信息,是广告文案的主文案,因此由于网络平台的篇幅限制或其他原因,可以有只采用广告标题、广告正文的简化文案。

3) 网络广告文案的写作技巧

(1) AIDA 公式。AIDA 公式也称爱达公式,是国际推销专家海英兹·姆·戈得曼(Heinz M Goldmann)总结的推销模式,它的具体含义是指一个成功的推销员必须把顾客的注意力吸引或转变到产品上,使顾客对推销人员所推销的产品产生兴趣,这样顾客欲望也就随之产生,之后再促使顾客采取购买行为,达成交易。

广告文案撰写也有一个为人熟知并广泛应用的 AIDA 公式,它是从消费者的接受心理为出发点的广告文案创作模式,即遵循广告受众的心理活动过程,从标题、正文、口号和随文,一步步实现广告的劝服作用,从而实现广告促进销售的最终目的。其基本思路是通过广告文案改变或者强化消费者的思想观念。

AIDA 公式具体包括以下四方面内容。

① 标题:争取注意,诱读全文(Attention)。
② 正文开头:直截了当,引起兴趣(Interest)。
③ 正文中间:增强信任,激发欲望(Desire)。
④ 正文结尾:强化购买,行动发生(Action)。

(2) 网络广告文案撰写。网络广告文案写作客观上受计算机屏幕和手机屏幕限制,文案写作空间很小,一些文字链接的篇幅只能容纳十几个字,因此,在网络环境中,常见一些只采用广告标题或广告正文的简化文案。

初学广告文案写作者应该从最基础的广告文案结构入手,熟悉并了解一般广告文案的四个组成部分,在熟练写作完整结构的广告文案后,再考虑写作简化文案。

无论是完整结构的还是简化的网络广告文案,在有限的空间和文字中,要较好地达成广告诉求,写作时必须注重广告标题、广告内容的创意构思和关键词的设置等。

① 网络广告标题精彩、新颖。"文好题一半",文案标题精彩、新颖独特,才能抓住读者的眼球,激发受众的阅读兴趣,文案内容才能得到真正传播。

产品不同,目标消费者不同,网络广告标题的拟写方法自然也不同。

新产品、新企业等,多采用新闻式标题,为希望获取新的商品信息或市场信息的消费者提供一些新信息。如《iPhone 6 上市时间恐延迟,苹果要求高到没朋友》《欧洲顶级奢华品牌奢华视抢滩中国市场》。

而针对人们的好奇心,标题用直接或间接的问句,向读者提出问题,或以"揭秘"这样的字眼,来引起消费者的关注和阅读兴趣。如《关于苹果 iPhone 6 的全新 A8 处理器数据大揭秘》《人类可以长生不老吗?》。

开拓新市场,要改变人们既有的消费模式和观念,可以在标题中提出企业的主张和建议,劝勉、呼吁、敦促人们采取消费行动等。如《家电行业迎来更新换代高峰》《商家争打"低碳"牌,家电商战提前引爆》。

② 网络广告内容迎合消费者的需求。人们对一个产品的认知往往经历了这样的顺序:先是不了解产品,然后对产品建立了解,最后才产生心动。优秀的文案作者,知道自己和自己的目标受众不一样:我们要推广的产品是自己已知、了解的,而目标受众对产品

几乎一无所知。因此,优秀的网络广告文案,不是站在商家、厂家等"自身"角度,考虑消费者想要什么,而是站在消费者的角度,考虑消费者需要什么。

因此,在网络广告内容的撰写中,应该去真正地了解消费者的需求和感受,想方设法知道"在消费者的心目中,产品是什么",从消费者的角度出发,针对消费者感受而设计。

那么消费者的需求和感受是什么呢?

毋庸置疑,消费者真正关心的是产品的价值和自身的利益。所以在网络广告内容的撰写中,必须突出产品的价值和消费者的利益点,迎合消费者的诉求。因此,不能仅仅说"我们的产品很好",而应该准确、清晰地告诉消费者产品的特色、差异点和优势及消费者购买该产品所能获得的利益。

③ 网络广告关键词的设置应该多而有效。在网络商品交易市场上,消费者买东西是通过关键词来搜索所需产品的,如果了解消费者的搜索习惯,设置关键词和买家的搜索习惯相吻合,产品被搜索到的概率就会增大,产品就会被更多地曝光,这样才能促进更多的交易。因此网络广告中产品关键词的设置特别重要。

如何设置网络广告关键词呢?

首先,关键词越多越好。

关键词多了,某个和消费者用来搜索的关键词一致,这样产品的曝光概率就大了。如"这才是五一该去的古镇",这个推广帖就包含了"五一"和"古镇"两个关键词,消费者无论使用哪个关键词搜索,产品都可能被搜索到。

其次,关键词是有效的关键词。因为产品名称、功能、材质、外形颜色、产地、销售生产方式等都是组成产品关键词的成分,而一个广告里关键词不能太多,所以符合消费者的搜索习惯的关键词才是有效的。

例如,裤子、休闲裤、牛仔裤中,牛仔裤才是关键词,因为休闲裤差不多等同于裤子,对购买裤子的消费者是无意义的词。同样,服装无意义,连衣裙才有意义。

人们发现,淘宝上消费者的搜索习惯是目标产品名、店铺的等级、特价促销、质量保证、图片信息、销售情况、名人效应等,在网络广告设置关键词时就应该尽可能地使用这些词汇。

④ 网络广告文案精短生动,突出广告主题。由于各网站对广告尺寸有一定限制,而且网络媒体也不适合长时间阅读,因而简洁、生动的网络广告文案才会有较高的注意率。

具体来说,使文案精短生动的方法主要有两个。

一是突出广告主题,以表现重要信息为指导,精心提炼关键词。

二是找准表达的重点,周密地安排文案的结构,发挥网络广告的多媒体特性,最大限度地去调动读者的阅读兴趣。

⑤ 网络广告语言准确规范,具体可感,适应目标受众。网络广告的语言准确规范,就是文案中不能出现错别字和病句。遣词造句要通俗化、大众化,不能生搬硬套、自创和使用生僻字以及过于专业化的词语。

网络广告语言具体可感就是优秀的文案不仅要考虑如何让文字准确规范,而且要从消费者的视角出发,用具体的、视觉化的、简单的描述说明产品利益。要努力摒弃那些华丽而空洞的文字,用消费者更加容易接受和理解的具体可感的语言来表达。如"最适合9月旅行的目的地",对打算在9月出行的旅游者来说,就更容易激起他们的关注热情。

网络广告语言适应目标受众是基于网络可以根据不同兴趣爱好,把受众高度细分化的特点。文化背景相似、兴趣爱好相同的人,在购物时往往也表现出相同的嗜好。因而在针对目标受众诉求时,要根据企业的传播目标,受众的文化背景、不同嗜好等,及时调整语言风格,注意运用目标受众所熟悉的语气、词汇,增强他们的认同感。

⑥ 网络广告文案图文并茂,生动形象。网络广告文案生动形象能够吸引受众的注意,激发他们的兴趣。有研究资料表明:文字、图像能引起人们注意的百分比分别是22%和78%;能够唤起记忆的文字是65%,图像是35%。这就要求在进行文案创作时采用生动活泼、新颖独特的语言的同时,辅助以一定的图像来配合。

动画技术的运用为网络广告增强了吸引力,因而在进行网络广告文案创作时,注意语言文字与图像画面的配合,充分利用动画技术所产生的视觉效果,利用字体大小、位移的快慢变化,使文案图文并茂、生动形象,来增加信息传播的趣味性和表现力。

4)网络广告文案的写作要求

网络广告有定向传播与交互传播这两种基本策略形式。

定向传播是指网络广告对某些特定的目标受众进行有针对性的传播。即在互联网上,准确选择和细分目标受众,针对这些细分目标受众的特殊兴趣与需要,写作网络广告文案,再投放到这些特定细分市场的站点上,把广告发给希望得到有关信息的人。比如,一则关于跑鞋的广告放在提供与跑步相关的网站上,化妆品的广告放在女性网站上。

交互传播是指互联网突破了传统媒体对受众的单向传播的局限,使受众不仅是信息的接受者,也成了信息的发布者,从而形成受众与媒体间的双向交流交互传播。

策略形式不同,文案的写作要求也自然有所不同。

(1)写作定向传播的广告文案的要求

① 了解目标市场,细分目标受众。因为消费兴趣相似的潜在消费者往往有相近的购买心理和习惯,所以文案写作者必须和销售人员一样了解目标市场,并且按性别、产品使用量、消费心态、时尚与传统等要素细分目标受众,在对他们进行细分的基础上,找到科学的商品销售诉求点,达到目的性与针对性的完美结合。

② 心中有假想的目标消费对象。不同层面的消费者有不同的消费需求,构思文案时,心中有了假想的目标消费对象,文案创意才有针对性,才能做到个性化。而个性化的文案才能体现出定向传播广告的独特之处。

③ 文案应包含反馈渠道和反馈方式。广告信息传播出去,广告主总想要尽快尽可能多地获知广告的作用和结果,以便及早发现问题、解决问题,并决定信息的再传播策略。因此,在多数情况下,广告文案应包含反馈渠道和反馈方式,在语言表述上,尽量使用平和、企盼的语言表达需要回应的愿望。

④ 多使用第一、第二人称。定向传播广告的针对性决定了其语言使用的独特性。广告文案的目的是劝说目标受众购买特定产品或服务,在定向传播的策略形式下,在使用商品促销的语言方式讲明事实,说清让消费者消费商品的理由时,多使用第一、第二人称,仿佛文案在和消费者交谈,既可以拉近文案和消费者的距离,又使交流带有面对面的直接性。

(2) 写作交互传播的广告文案的要求

① 把网络广告与企业主页相链接。通过网络广告,受众对企业的品牌知名度、品牌形象有了初步了解后,就要充分考虑受众的主动性与参与性,把网络广告与企业主页链接,吸引受众点击链接进入企业主页,使之与企业进行更深的接触。

② 设置悬念和参与性内容的链接图标或按钮。用图标和按钮链接企业主页时,要提高链接的点击率,在链接图标或按钮的设置中就应注意设置悬念和参与性内容,或诱导性、号召性语言,引发访问者的点击兴趣与参与热情。

③ 设置符合消费者搜索习惯的关键词。主动搜寻相关信息的消费者,会利用搜索引擎或门户网站的链接而到达企业的主页,因此,必须注重设置符合他们的搜索习惯的关键词。

④ 完整的广告文案结构形式。由于交互传播策略形式下的受众有明确的目的性,所以深入而详细的信息会有较大的影响力,引人入胜的长文案促销力也会更强。文案写作就可采取完整的广告文案结构形式,通过突出广告标题,突出介绍产品和服务信息的广告描述,吸引消费者、打动消费者。

五、范例欣赏与解析

范例1 世界上最有滋味的工作

招聘职位:中国成都吃货在线试吃员。

工作时间:2015年7月1日至12月31日。

工作内容:成都及周边城市和地区餐馆、酒店菜品试吃;收发信件;每周发表文章及上传照片、影片;不定期接受媒体采访等。

职位薪酬:8万元人民币/半年。

其他待遇:提供准五星级住宿,来往工作地和申请人居住城市的机票、合约期间内的保险、工作期间往来成都及周边城市和地区的交通工具及费用。

申请条件:年满22周岁,语言沟通能力良好,热爱餐饮美食,勇于冒险尝试新事物。申请人需上网填写申请表,上传自制60s中文短片,说明自己是该工作最适合人选的理由。

招募过程:申请招募活动自2015年2月中旬起至3月22日结束。申请截止后,成都吃货在线会挑选出10位最理想的人选,再加上1位由招募网站访客投票选出的"外卡"候选人,以上11人将于5月初获邀前往成都进行面试,成功者将成为成都吃货在线试吃员。

解析：

本次招聘活动的主办者想要通过招聘，改善因经济增长缓慢导致旅游人数锐减的状况，提升外界对成都及周边城市和地区旅游价值的关注度。

首先，广告以"世界上最有滋味的工作"为标题，用词大胆高调，其新奇性和质疑点一下子就吸引了人们广泛的注意力。

其次，把握住宣传对象的独特属性，利用其内部资源和外部环境，制造独特的卖点。以休闲闻名的成都不仅坐拥全国八大菜系之一的川菜美食资源，而且与其周边城市和地区拥有丰富的旅游资源，在美丽休闲的街市上散散步，在各种餐馆酒店品尝美食，写写博客，住豪华酒店，告诉人们自己在"天府之国"的"探索之旅"。这样的工作与其说是一种工作，不如说是一种享受。这样的工作怎能不吸引人们的眼球？

最后，迎合目标受众的心理需求，促成广泛的参与性。虽然大家都知道"天上不会掉馅饼"，但是，"工作轻松舒适，而且工资高待遇好"，是人们对工作的心理渴求。成都吃货在线精心策划的工作内容和福利待遇完全符合"最有滋味工作"的标准，而招聘条件既不苛刻，方式又能自娱自乐，因而极大地激发了人们的参与热情，拓宽了目标受众的范围，能促成广泛的参与性。

范例 2

范例 2 如图 2-18 所示。

图 2-18

解析：

这则网络广告图文并茂，文字简约，但它包含了完整的广告文案结构。

广告标题：昆仑雪菊　罗布麻茶。

广告标语：礼氏物语　秋冬好礼。

广告正文：①产品图片；②促销活动（消费者利益点）——全场 8 折，部分低至 5 折。

广告随文：企业名称——礼氏物语，网址 lishiwuyu.com。

范例 3

范例 3 如图 2-19 所示。

图 2-19

解析：

这是基于交互式传播策略的网络广告,文案简洁、精练,以绚丽的产品图片为主体吸引网民的注意力;广告描述"双11大促清仓回馈11.9包邮""越南原装进口榴梿饼"说明了时间、价格、产品等重要信息,红色箭头图标"去看看",则采用诱导性、号召性语言与形式,引发访问者的点击与参与。

六、项目技能训练

1. 点评

试点评本项目中"三、习作文案展示"的赵君拟写的习作文案。

2. 技能训练任务情景

王先生在成都市九眼桥辉煌灯具城开了家"星辉灯具店"。灯具品种齐全、风格多样,有古典灯、现代灯、水晶灯、中式灯、欧式灯、射灯、LED灯等。价格低至十几元,高达数千元。店里生意曾经十分红火,现在却一天比一天冷清。

看着每天冷冷清清的门店,王先生心急如焚,在和朋友聊天时,他对网购又有了一些初步的了解,于是他产生了在网上做网络广告,拓宽灯具商品的销售市场的愿望。

1) 任务

请你代王先生拟写一篇网络广告文案。

2) 要求

(1) 文案能树立商店的品牌形象,扩大知名度。

(2) 广告口号简明通俗,便于记诵、传播。

(3) 语言有吸引力,能引起更多消费者和潜在消费者的关注。

知识延伸

（1）网络广告发展迅速：1994年10月，美国《热线杂志》站点卖出了全球第一个网络广告，开创了互联网广告的新时代。1997年，英特尔的一幅468×60像素的动画旗帜广告贴在了Chinabyte网站上，这是中国第一个商业性的网络广告。

中国电子商务协会数字服务中心行业研究报告显示，2010年，中国网络广告行业市场规模已达321.2亿元。据不完全统计，2011年，互联网广告之都——杭州数字媒体广告行业年产值超过20亿元，并每年以成倍的速度在增长。

（2）网络广告是主要的网络营销方法之一，在网络营销体系中具有举足轻重的地位。事实上多种网络营销方法也都可以理解为网络广告的具体表现形式，并不仅仅限于放置在网页上的各种规格的BANNER广告，如电子邮件广告、搜索引擎关键词广告、搜索固定排名等都可以理解为网络广告的表现形式。无论以什么形式出现，网络广告所具有的本质特征是相同的：网络广告的本质是向互联网用户传递营销信息的一种手段，是对用户注意力资源的合理利用。

（3）宝洁公司是较早认识到网络价值的大广告主之一，它们不仅建立了几十个专题网站，而且通过网络广告与其他活动相配合，推出了"润妍"洗润发系列产品。公司运用Flash动画制作技术配合新颖的创意表现形式，创作了"润妍"的网络广告，并选择了在综合门户网站、区域性门户站点、知名女性网站进行投放。据统计，由网络广告的点击而进入"润妍"品牌网站并成为其注册用户的人数有15000人左右。

通过独具创意的网络广告投放，宝洁公司达到了预期的广告目的及效果。一方面，提高了产品的知名度，增加了"润妍"品牌网站的访问量与注册用户数；另一方面，增加了线下推广活动（润妍女性俱乐部、润妍女性电影专场）的参加人数。达到一种从线上向线下的推广，成功创造了一个网络塑造品牌的典范。

附文

手机短信广告文案

1. 手机短信广告（俗称短信群发）

手机短信广告是通过发送短信息的形式将企业的产品、服务等信息传递给手机用户，从而达到广告目的的一种网络广告。

2. 手机短信广告的出现

手机短信广告是随着手机的不断普及而出现的。工信部统计数据显示，2015年中国移动电话用户总数达13.06亿户，4G用户总数达3.86225亿户。报告还显示，2015年，移动互联网接入流量消费达41.87亿GB，同比增长103%，比上年提高40.1%。月户均移动互联网接入流量达到389.3MB，同比增长89.9%。手机上网流量达到37.59亿GB，同比增长109.9%，在移动互联网总流量中的比重达到89.8%。面对庞大的手机网民队伍,利用手机短信做广告成为商家的共识,手机短信也已成为一种常见的广告信息载体。

3. 手机短信广告的特点

手机短信文字简约,信息量少而精。短信更适合作为一种活动信息的预告,配合其他媒体,吸引受众参与,或者作为参与活动、电视广播节目等的简单途径。

通过短信参与线上活动并与其他线下活动相结合,使信息传播从大众、小众传播延伸到虚拟空间的人际传播,形成强大的传播网络和营销网络,并使这个网络保持动态运转,能更好地维系品牌与消费者的长久关系。

4. 手机短信广告的优越性

与传统的广告媒体相比,手机短信广告有着显著的优越性。

1)成本低廉

手机短信广告实际上还是建立在网络基础上,利用专用的网络平台可以一次性向成千上万的手机用户发送短信广告。市场上短信广告平均服务价格为3~7分钱一条,与传统的广告媒体一次十几万甚至几十万元的广告投入相比较,手机短信广告一次广告投入只需几千元钱,成本非常低廉。

2)传播速度快

手机短信广告的最大优势就是传播速度快,通过发送平台,瞬间就传送到千万人的手机中。

3)营销目标准确

手机短信广告是标准的"一对一"的营销模式,能够精确锁定消费者,由于在点击阅读之前,机主尚不能判断短信的内容,所以手机短信广告一般可以达到100%的阅读率。

4)广告发布灵活

手机短信广告发布灵活,只要手机持有者处于开机状态,白天晚上都可以发送,无须预订。

5. 手机短信广告的特殊性

(1)手机短信广告的接受者是被动的。作为接受方,手机持有者在收到信息后,如果不阅读是无法区分私人信息和商业信息的,这就为手机短信广告提供了传播的可能。

(2)手机短信广告以纯文本为主。由于受手机型号、功能的影响,不同手机间,无法完全实现图文并茂的信息兼容,只有依靠纯文本才能沟通彼此,因此手机短信的内容90%以上都是纯文本信息,其他诸如彩信、声音等短信形式虽然存在,但使用频率很低。

(3)隐蔽性强。由于手机短信的隐私性,运营商无法核查短信内容,低成本高效率,在骗一个是一个的求财心切的心态下,不法分子乘机钻空子,"积极"利用高科技,发布"虚假广告""黑短信"。手机用户接到这类短信广告时,在怕麻烦、懒得追究的心理下,常常自行删除,相关执法部门很难发现,客观上纵容欺骗和陷阱短信广告的发展。

6. 手机短信广告创作的要点

手机空间小,一般手机一次可以接受的短信就在70个字符之内,所以手机短信广告的信息也是简短的。

但是简短不等于没有内容,虽然只有70个字符,也必须包括广告的三要素:①企业名称;②产品优势;③消费者利益等。

7. 手机短信广告文案案例分享

【例1】 周末尽情买,1月19、20日于成都市屈臣氏门店购买任何女士护肤/化妆产品,包括专柜产品(换购产品除外)可享受额外9折优惠!只限两天哟!——屈臣氏

【例2】 涨价在即,机会不容错过!南湖畔佳兆业,君汇上品,80~110平方米双中庭楼王,40万元起,老带新赢普吉岛全家游,周六免费抽平板。询××××××××。

【例3】 工商管理30班正在招生!与全国管理名家和三千余名商界精英探讨人力、财务、战略、营销等管理难题!询××××××××【西南交大】。

【例4】 微信可以订机票啦!查航班、订机票,更多专属活动,请关注"116114"【116114商旅】。

【例5】 9月6—8日好百年家居中秋送礼,购物参加抽折省现最高省10%,开单赢折叠自行车,凭教师证进店送礼,询××××××××【好百年】。

【例6】 迎中秋,送豪礼!活动前一百名来电仅需998元即可预订原价6480元的五星牌茅台酒一箱,咨询热线:××××××××【贵州茅台酒厂】。

项目三

网络软文

项目技能要求

（1）了解网络软文的特点。
（2）了解网络软文的常见形式。
（3）能根据题材和营销要求选择恰当的形式撰写网络软文。

一、情景导入

国际商贸城商户孙老板是"未来牌"保健饮品的代理商,这种饮品用菊花、金银花、葛根、莲子心、橘皮、枸杞、胖大海7味中药配制,色泽明丽,清香淡雅,饮上一杯,顿觉清心爽口。据介绍,这是由中医养生专家精心配制的保健饮品,可清热降火,对保护嗓子很有好处。

二、任务及要求

1. 任务

孙老板打算在网络上做此保健饮品的软文推广,请赵君为他拟写网络软文。

2. 要求

（1）软文推广的主题明确。
（2）标题新颖有创意,有吸引力。
（3）软文要体现出产品的特点和优势,具有真实性和可读性。

三、习作文案展示

接受委托后,赵君大量收集保健茶的相关素材,研究同类饮品,经过反复斟酌修改,几天后,交出了3篇文案。

文案1 对付上火,自有良方

春、夏、秋、冬,不管是哪个季节,很多人都被"上火"这个问题所困扰。尤其是在干燥气候及连绵湿热天气时更易发生。今天就给大家说一下到底什么是上火,上火都有哪些症状,该如何对付。

"上火"为民间俗语,又称"热气",按照中医理论解释,属于中医热症范畴。中医认为人体阴阳失衡,内火旺盛,即会上火。"上火"(热症)的临床表现有轻有重,常见的重症如中暑,多在处于温度过高、缺水、闷热的环境下时间过长所致,可出现发热,甚至昏迷,是一种典型的外感火热症。而通常所说的"上火"一般比较轻,多属于中医热症的轻症,如不伴有全身热性症状的眼睛红肿、口角糜烂、尿黄、牙痛、咽喉痛等。

现在生活节奏快,人们工作压力大,上班一族经常熬夜,如果再吃些辛辣食物,常常导致口干舌燥、咽干喉痛。

由中医养生专家,用菊花、金银花、葛根、莲子心、橘皮、枸杞、胖大海7味中药配制的"未来牌"保健茶,茶水色泽明丽,清香淡雅,饮上一杯,顿觉清心爽口,不仅可以清热降火,还可以保护嗓子,是对付上火的尚品!

文案2 母亲节,送给母亲最好的礼物

夕阳的余晖下,公园里,几位阿姨聚在一起聊家常。

一位衣着鲜艳的阿姨说:"哎,母亲节了,你们家的孩子给你们送什么礼物了?""我的女儿给我买个包,听说是3000多元的名牌包呢!""我女儿给我报了旅游团,请我到欧洲旅游。"阿姨们争先恐后地说。

"你们晓得我慢性咽炎,这几天天气比较燥热,我嗓子又特别不舒服,我女儿给我买了三盒'未来牌'保健茶。"我到公园去找我妈时,正赶上她在那儿聊天。

我妈是一名中学教师,她工作繁忙又不注意保护自己的嗓子,患上了慢性咽炎。前两天她咽炎又犯了,听她不断清嗓子我们一家人都为她难受。

因此我一听朋友说商贸城孙老板经销的"未来牌"保健饮品,是以菊花、金银花、葛根、莲子心、橘皮、枸杞、胖大海7味中药为原料,由中医养生专家精心配制,色泽明丽,清香淡雅,饮上一杯,顿觉清心爽口,对保护嗓子很有好处,就马上到商贸城去买了三盒给她试一下。

几天下来,我妈说"未来牌"保健茶管用,她嗓子好多了。看来这"未来牌"保健茶保护嗓子还真不错,我今天赶紧又到商贸城买了几盒。

这时,又听一位阿姨说:"哎呀,你女儿买的东西虽然不贵,可她却记挂着你的健康,真是你的贴心小棉袄啊!"我看我妈笑得嘴都合不上了。

看来,母亲节的礼物,我是送对了!

文案3 过火焰山再也不用芭蕉扇啦

唐僧师徒四人再一次来到火焰山。

唐僧(额头沁着汗珠):悟空,火势太大,天气太热,为师实在是难受啊!

悟空(以手掩额):师父,别怕!有我呢。我去找我死党的媳妇儿借芭蕉扇一用,定能助我们平安越过火焰山。

悟空一个筋斗云来到铁扇公主的石洞前。

悟空(高声地):嫂子,俺来借你的芭蕉扇用一用。

铁扇公主(窜出洞门,手握芭蕉扇,怒目圆睁):你这死猴子,害了我红孩儿,胆敢前来送死。

未等悟空辩白,铁扇公主大扇一挥,悟空被扇飞了十万八千里。悟空回到火焰山。

悟空(沮丧地):师父,俺老孙从未失手,今天竟然在阴沟里翻船了。

八戒(不停地以袖擦汗):猴哥,你快想想办法,再不熄火,我快变成烤乳猪了。

孙悟空一时无计,急得上蹿下跳,抓耳挠腮。

唐僧又让悟空去找观世音菩萨。

菩萨(故作不知情):死猴子,不好好保护你师父,跑我这儿来干啥?

悟空(以手作揖):菩萨,我们走投无路了,你若不救,取经之路就此终结。

菩萨(开颜大笑):哈哈……猴子,你不是神通广大吗?来,本尊帮你一把。

菩萨一扬手,一瓶"未来牌"保健茶出现在悟空面前。

悟空(很不屑):菩萨,你不会玩我们吧?这个小瓶子这么点水有什么用?

菩萨:悟空,你不要小瞧它,它是用菊花、金银花、葛根、莲子心、橘皮、枸杞、胖大海7味中药配制的保健茶,具有清热降火,保护嗓子的功效。降火灭火,定能助你们平安越过火焰山。

悟空:谢谢观世音菩萨。

悟空手持"未来牌"保健茶回到火焰山。唐僧四人各喝了一口,淡定从容地越过了火焰山。

悟空手握"未来牌"保健茶,师徒四人齐声:有了"未来牌"——No problem!

四、相关知识

1. 网络软文的含义

网络软文是指企业或个人为了达到品牌宣传或产品销售的目的,通过网络平台发布,可以提升企业品牌形象和知名度,促进产品销售的各类软广告。如博客、微博客文章、广告新闻报道、电子邮件、付费短文广告、案例分析等。

2. 网络软文的实质

相对于硬性广告而言,软文把广告内容自然地融入文章中,让读者在读文章时,不知不觉就接受了它的广告信息。所以网络软文实质是一种隐蔽式网络广告。

3. 网络软文的常见形式

1）知识性软文

(1) 含义：知识性软文就是以介绍和解说企业所在行业相关知识，产品涉及技术原理，企业服务技能等知识性内容为主，穿插企业信息的软文。

(2) 作用：知识性软文多用于新产品，尤其是有科技含量的新产品的营销中。

企业要生产、要发展，总是在不断地开发新产品。当新产品问世时，知识性软文的任务就是挖掘产品所具有的科学知识，以浅显的文字向普通大众做介绍，在普及科学知识的时候，把新产品的优点、特点、亮点告知读者，让这篇文章成为消费者的导购员，使读者对产品有清楚的了解，最终促使消费者和潜在消费者去消费。

如海尔氧吧抗菌光空调，如果对空调的技术比较熟悉，就明白它的氧吧就是一个负离子发生器，抗菌光就是一个紫外线光管，但海尔摒弃了一般人难懂的专业术语，而是把一些大众化词语借用过来，以比喻的手法对产品的功效作了化陌生为熟悉的描述，使海尔氧吧抗菌光空调成为业内知名度最高的健康空调品牌。

(3) 写法：知识性软文属于知识营销范畴，是在满足消费者和潜在消费者对行业或产品的认知需求前提下，达到推广企业或产品的目的。

知识性软文最常规的写法就是提供企业所在行业知识或企业产品涉及的技术知识，在文章中或结尾处巧妙嵌入企业信息和联系方式。

(4) 写作注意：解说知识，可以是科普性的，也可以是自问自答性的、经验性的。写作知识性软文时，要注意以下几点。

① 权威性和专业性相结合。新产品上市，对于不了解新产品的广大消费者，知识性软文就是消费者的导购。

"权威思维"往往在人们初次接触陌生事物时发挥很大的作用。对于自己不了解的东西，人们对专业权威的意见自然会特别尊重。因此，在知识性软文中，不能简单抛出新产品先进性的概念，而应花工夫收集全球有关此专业技术的文章，多方参考，多方引证，并征求技术人员的意见，从非常专业的角度诠释概念的技术支持，这样你说的话既专业又权威，产品才会合理又有相当高的价值，对消费者才能产生说服力。

② 知识性和趣味性相结合。行业专业知识具有专业性，非专业人员难以了解和明白，写作知识性软文，要谨慎使用专业术语，应努力把专业知识通俗化、大众化、形象化，让一般消费者都能看得懂、有兴趣、记得住。

③ 企业、产品信息适量又显眼。写软文是为了宣传或推广，在软文中应该嵌入企业、产品信息。但是，软文不是"硬"广告，信息嵌入过密，会引起人们反感，进而影响宣传、推广的效果。所以，在软文中嵌入信息时，既要注意信息适量，又要注意信息明确和显眼。

2）叙事性软文

(1) 含义：叙事性软文就是把产品信息融入一个个有情节、有人物的生动曲折的故事中的软文。

(2) 作用：听故事是人类最古老的知识接受方式，而情感又一直是广告的一个重要媒介。当我们从消费者生活出发，讲述一个有情节、有人物的故事时，既能吸引消费者积极、主动地去阅读文章,又增加了产品信息的可信度,从而较轻松地突破消费者对"硬"广告的天然的抵触和不信任的心理防线,最终促使消费者采取消费的行动。

(3) 叙事性软文写法如下。

① 产品、产品特性形象化、人格化。美国营销大师爱玛·赫伊拉曾说:"不要卖牛排,要卖吱吱声。""吱吱声"唤起的是人们对牛排美味的无限想象,是牛排美味的形象化。

叙事性软文不能将产品、产品特性平铺直叙地、逐点式地介绍给消费者,而要对其人格化。在赋予它们形象的同时,让消费者在生动形象的描述中,去真切感知产品和产品特性,在消费者心里引发强烈的共鸣和高度认同。

② 小小说、叙事散文、个人日志等都是很好的故事载体。如索芙特木瓜香皂就是以它生动的故事描述、神奇的木瓜白肤传说,吸引了大批年轻的女性消费者,在香皂市场独树一帜。

③ 微剧本。微剧本是区别于传统剧本的微型剧本,一般只有简单的几个场景,人物设置力求简约,所描述的事件也很简单,但剧本的内涵必须凸显出来。

a. 剧本写作基础知识:首先,要写出时间、场景、人物。其次,也是剧本的核心,就是通过人物语言、动作展示矛盾冲突。

描写人物动作、情态的词句,是舞台说明,用()符号放在相应人物后面。人物对白是顶格写出人物简称,然后加上:(冒号),剧本跟小说不同,剧本的对白无须用引号。

小说的对象是读者,但剧本的对象并不是观众,剧本是写给编导、导演及演员看的,所以有的剧本会用上如远景、特写、拉近景等术语,这主要是为了让导演及演员易于理解编剧所联想的图画,提供拍摄画面的影像意念让编导及导演参考。

b. 微剧本的四个基本构成要素:场景描写(Scene)、人物(Character)、对话(Dialogue)和动作描写(Action)。

剧本是一种独特的文学形式,我们尝试把唐代诗人杜牧的《清明》诗加上标点符号,可以发现它就是活脱脱的一部微剧本:

    (清明时节)(雨纷纷)
    (路上)行人(欲断魂)
    借问:酒家何处有?
    牧童:(遥指)杏花村

诗的首句加上()后成为舞台提示,它们分别交代剧情发生的时间、天气情况。

第二句诗中,(路上)交代剧情发生的地点,然后剧中人物"行人"出场,(欲断魂)提示人物此时的情态。

第三句描述行人"问路"动作、谦恭礼貌的神态,以及人物的"台词"。

末句剧中另一人物"牧童"正面出场,(遥指)提示牧童指路的动作,"杏花村"是牧童的台词。

④ 微电影。微电影是指在各种新媒体平台上播放的、具有完整策划和系统制作体系支持的具有完整故事情节的"微时"(30～300s)放映、"微周期制作"(1～7天或数周)和"微规模投资"(1万元到数万元/部)的视频短片。

由于和电影作品相比微电影门槛低、参与度广、传播效率高,在京沪领一时风气之先,得到市场广泛认同。

微剧本、微电影两者也往往合二为一:一本优秀的剧本是精彩电影的前提和基础。

广告微电影剧本创作应根据企业的品牌、产品、定位和营销需求,确定信息植入的策略、题材和方向。如以爱情为主题的微电影,都是表现爱情青春美好的一面,然后在故事情节的基础上,将品牌加入。而这一品牌一般都是作为微电影中的道具,或者是某个重要场景。代表作有《挪亚方舟》《你好吗?》《她很好》《这一刻,爱吧》《假如爱情》等。

(4) 写作注意事项如下。

① 讲故事,要注意人物和场景的设置与目标客户的关联度。任何一个故事,要让读者想读、爱读,读后能记住,必须有波澜起伏的故事情节,生动感人的人物形象。叙事性软文不仅要注意这种趣味性的表达,还因为肩负着产品宣传的职责,在选择什么样的人物作为故事的主人公,设置什么样的人物生活环境时,都要注意与目标客户紧密关联,要让故事的人物和事件能唤起目标客户的注意,引发他们情感上的共鸣。

② 嵌信息,要自然而巧妙。故事要讲得引人入胜,但讲故事不是我们的根本目的。要达到宣传和推广的目的,应特别注意在文章中嵌入产品信息。嵌入时,要做到自然而巧妙,比如,让产品信息出现在故事主人公的身份、情节对话中,出现在故事的道具中。

3) 新闻式软文

(1) 含义:新闻式软文又称软新闻,就是企业以新闻报道的手法,发布企业、产品、品牌的信息,树立企业形象,宣传企业产品。

(2) 作用:新闻式软文多用于新产品上市、企业重大事件发生、某项公关活动进行时。如可口可乐的酷儿饮料上市之初,配合电视广告、线下活动,在新闻、专刊版面,短时间内刊发了《可口可乐掷一亿打造酷儿饮料品牌》《角色行销进入中国》《广告总监谈角色行销》等一系列有强烈新闻性的文章,成功地宣传了新产品。

(3) 写法:由于当今新闻式软文使用的广泛性和其写法的专业性,本课程将其列为专项学习和研究的内容,放在后面专题讲解。

值得指出的是,新闻的客观性属性,赢得了人们对新闻的信任。但是,为了吸引读者的注意力,这类软文除客观性的消息、报道外,也常以娱乐性的、争议性的、爆料性的新闻形式出现。

(4) 写作注意事项如下。

① 内容真实可信,不随意夸大缩小。新闻式软文也作为有偿新闻在报社、网站新闻版面发布,但即使是有偿新闻,撰写时也必须注意新闻内容的真实性,不能为了宣传效应而捏造虚假新闻。

② 针对不同媒体版面,写不同类型、风格的软新闻。比如,时尚类版面,更多强调产品的人性化、外观、时尚等,在这个版面发布软新闻,就要注意这些因素的呈现;市场类版面,注重分析市场的趋势、策略,那么写软新闻时,就要考虑从品牌诉求、市场诉求的角度去报道。

4. 网络软文的写作方法

总体上说,软文是广告的另一种表现形式,因而广告传播的几个要素原则也适用于撰写软文,即 6W 原则:Who(谁),Why(为什么),What(说什么),How(怎么说),When(何时说),Where(何处说)。也就是说,写作软文之前,一定要考虑清楚:这个广告信息是谁发出的、打算让谁看?希望起到什么作用?宣传的要点是什么?采用什么形式和表达方式?在宣传的什么时间点发布?在什么地点或平台发布?

受网络资源的限制,在网络软文的创作过程中,"说什么(What)"和"怎么说(How)"又是创作人员首先要考虑的两个重要因素。

具体来说,网络软文写作可以从以下几个方面入手。

(1) 标题要新颖,有吸引力,配合关键词优化。标题是文章的眼睛。文章要吸引读者,标题一定要新颖,有吸引力,同时,为了搜索引擎优化(SEO),得到搜索引擎的排名,标题中要包含关键字词。

(2) 内容无商业气息,选好切入点,把需要宣传的产品、服务或品牌等信息巧妙而完美地嵌入文章。软文最好要有企业网站的关键词或者产品名称链接,但链接不能太多,1~3 个即可。

(3) 主题突出,产品功能要形象化,不能光停留在简单的说明上,最好是图片和文字结合起来使用。

(4) 篇幅短小,语言精练又通俗易懂。在快速的生活节奏中,读者习惯了快餐式的阅读,软文短小精干、言简意赅,能让读者很快了解到整个内容。长的软文要把整篇内容进行合理的划分,条理清晰,句子简短,这样易读易记,读者自然容易产生阅读兴趣。

软文要通俗易懂,切忌用很生僻的字,要能照顾到大多数阅读者的理解能力。

(5) 软文的类型和风格要对应不同的网络平台需求。网络软文的内容与形式应与发布的网络平台相关联,不同的平台版面有其不同的侧重点和定位,如果软文不能照顾到版面的需要,甚至与版面风格背道而驰,其结果不是被放到角落里,就是被压缩成"豆腐块"删减得所剩无几。所以,应对应不同的网络平台,写出不同类型、风格的软文。

5. 网络软文题材选择策略

1) 结合热点事件,撰写"跟风"软文

写作软文时,可以先从百度风云榜看相关行业的热点事件,然后针对本行业的热点再结合自己要推销的产品来写。这样用户阅读软文后,在了解这些热点事件的同时,也了解了你要营销的企业或者产品。因此,当新闻媒体在连续"炒"某个重要话题时,企业要快速做出应变,撰写与此话题相近的软文进行"跟风"。

2) 整合企业资讯,建立公司数据库

宣传企业及产品,往往离不开对企业历史、重点人物、企业文化、新产品上市、获得奖项、大项目的中标、与其他企业建立合作关系等内容,可以把这些内容分类建立公司数据库,平时注意收集、更新里面的数据资料,用时充分考虑媒体和读者的视角,寻找那些真正具有新闻价值的写作点。

3) 调研相关群体,做好交流记录

对一般文案写手而言,访谈名人有较大的难度,写交流式的软文就比较简单,比如,调研一些相关的群体,与之进行各种形式的交流,然后将交流的内容整合成一篇软文。但是在交流前,一定要做好问卷、提纲的准备,交流过程中做好记录等。

4）注重自身体验，做出消费指导

体验式的软文可以结合不同的角色进行写作，有对产品的体验，有对行业知识的体验，也有对网站的使用感受等，通过自身的体验来叙述需要营销的产品或者网站的优缺点，从而做出合适的消费指导，比起硬性地推广，这种指导能让用户更好地接受。

5）访谈知名人物，借力名人话题

名人效应是网络时代获取高点击量的法宝之一。名人在社会上关注度大，而且往往都拥有大量的粉丝，名人使用产品并给予产品好评，常常会无形之中提高消费者对品牌的好感，进而提升品牌形象。

访谈题材的软文，访谈人物要有一定的知名度，如明星、政企精英、文化名人等，名人受关注度高、话题也较为充分，借助人物的知名度和话题，容易吸引读者关注。因此，写软文时有意识地注入与名人有关的内容，是人们常用的一种方法。但是，借助名人时，要注意名人职业、形象与商品的关联性、与品牌形象的相近性，使用不当，则会产生负面效果。

6. 网络软文的发布

企业发布软文广告主要途径如下：

(1) 网站的编辑、媒介(付费)；

(2) 博客、论坛(免费)；

(3) QQ 群宣传(免费)；

(4) 大型门户网站如新浪、搜狐、腾讯(免费)等。

五、范例欣赏与解析

范例1　婴幼儿房间装修，应该怎样选择地板

每个家庭的孩子都是天使，因此每个父母都希望孩子有个健康成长的空间，在装修婴幼儿房间的时候，家长们都会纠结于地面的铺装问题。市场上比较常见的地铺材料有瓷砖、石材地板、强化地板、实木地板、地毯、环保地毯等。究竟哪一款更适合婴幼儿？对于婴幼儿房间装修，地板选择应该考虑哪些因素呢？

0~3 岁的婴幼儿动作发展的特点是躺、坐、爬、站、走、跑、跳、扔、手眼协调与双手动作，这一阶段他们大部分时间是在室内度过的，而这一阶段他们的机体抵抗能力相对较差，所以，给婴幼儿布置一个环保、安全、舒适的室内环境，对孩子的健康发育、成长至关重要。

众所周知，瓷砖、石材地板、强化地板共同的特点是冰冷生硬，不小心洒上水会特别光滑。婴幼儿骨骼硬度差、弹性大，容易摔倒，摔倒以后容易碰伤。而且，一旦房间有人挪动桌椅或者有脚步走动，容易产生噪声，干扰到婴幼儿正常休息。另外，地板的甲醛含量高低，对婴幼儿的健康影响大。因此，婴幼儿房的地板最好选用防滑、踩踏上去脚感舒适、甲醛含量低的环保地毯。

据国内一家环保地毯专卖店"红地毯"相关负责人介绍，地毯的种类繁多，但是按材料

归类,可分为纯毛地毯、碎布地毯、混纺地毯、化纤地毯和塑料地毯。

混纺地毯、化纤地毯和塑料地毯含甲醛量比纯毛地毯和碎布地毯多得多。纯毛地毯和碎布地毯都是环保地毯,但纯毛地毯价格昂贵,"红地毯"里通常一个羊毛地毯的钱,可以买10条不同颜色的碎布地毯。

碎布地毯由麻布、精纺织物、旧衣服的碎布片制成,有的保持碎布原有的不同颜色,有的则经过细致地染色,再编织。其材质天然环保,并具有柔软、温暖、静音的特点,非常适合身体比较娇弱、天性又比较活泼好动的婴幼儿睡眠、玩耍、学习爬走等。

碎布地毯最大的好处是可以放到洗衣机里清洗。无论是一般的灰尘、污垢,还是茶水、咖啡等顽渍,碎布地毯脏了收起来扔进洗衣机,洗涤方便轻松。而且地铺面积大,所需材料多,因此碎布地毯对普通家庭来说更显经济实惠。

婴幼儿房间铺设碎布地毯,能够让孩子在一个安静、舒心、安全的环境里健康地成长。

解析:

这是一篇知识性软文,是给一种碎布地毯品牌写的,应该说这种碎布地毯还处于普及阶段。

题目很直接,以问答的形式出现,让读者很明确地知道这篇文章在写什么,不浪费读者的时间。再者,由题目就能看出,这篇软文将该地毯的受用群体圈定在婴幼儿,或者说它的消费群体里有婴幼儿,该文章作者以此为切入口。这样的好处是目标更准确,直接吸引潜在客户。

第一段,将碎布地毯和其他众所周知的地板放在一起,提升了市场形象。再下来以疑问句的形式结尾,给大家造成悬念,吸引读者继续阅读。

第二段,阐述婴幼儿的一些特征,选购地板的一些考虑因素,可以预料,基本都是碎布地毯符合的特征。

第三段,果然,上面列举的都是其他地板不符合而碎布地毯都有的品质。

第四段至第八段,具体解释碎布地毯的品质特点,多角度地阐明选择推广产品的理由。

这篇软文目标对象清楚,针对性强。全文不仅推广了产品,普及了碎布地毯知识,还两次巧妙地嵌入了推广商家的名字,对碎布地毯这种人们还不太了解的新地铺材料及要推广的商家都做了较好的宣传推广。

范例2 大龄剩女和她的IT男朋友

吴悠今年29岁,在一家公司做文员,长得一般,家里见她现在还没有男朋友,眼看就要跨入大龄剩女行列,就托人给她介绍了一个。

小伙子叫李想,跟她年纪相当,是一个大型IT公司的软件工程师。

跟李想接触后,吴悠发现他痴迷于计算机,不太爱说话,也不太喜欢逛街买东西,他总说不要去买那些小店里的东西,比网上的要贵很多。

一个风高云淡的星期六,吴悠终于说服李想陪着她去逛街。她在一家小店看中一款漂亮的韩版外套,店主开价660元,说是韩国代购的正品,如假包换。经过她的软磨硬泡,店主同意500元成交。她正打算掏腰包时,李想说,别买了,网上有更便宜的。

吴悠跟着李想回了家,看到李想上网,打开一个叫"阿美衣橱"的淘宝小店,而且很快找到了一件外套,跟她看中的那件面料、款式差不多,一看标价,350元就可以买到了。

吴悠立即对李想竖起了大拇指,称赞他精明!李想又告诉她前些天他帮表姐也在"阿美衣橱"买了一件风衣,表姐喜欢得不得了。

吴悠从李想手中夺过鼠标,认真地看起来。店里的衣服件件时尚潮流,款式新颖。看来这次是真淘到宝贝了。

于是,吴悠把那件逛街没有买成的外套拍了下来,为保险起见,她赶紧把这个小店的链接http://ameiyichu.taobao.com添加到收藏夹。

两天后,吴悠收到了那件大衣。衣服比她想象中还合身,李想也夸她穿上这件外套后更时尚了!

解析:

此文以小小说的形式,在讲述一个普通人的爱情故事的同时,把网店的推广巧妙地隐藏在故事之中。

首先,它以大龄剩女这个全社会比较关注的话题角色来吸引读者视线。

其次,以消费者的身份讲述人物购物的亲身体验,获取目标受众的信任。

最后,在全文叙述中,对网店进行了灵活多样的推广:与实体店进行对比,两次提及网店名字,一次出现链接网址。

范例3 乔布斯这部车只跑了56年,真可惜

如果用车来比喻男人,乔布斯绝对是部超级跑车,激情四射、创造力非凡,然而这部车只跑了56年就戛然而止,退出了生命的跑道,留给世人深深的惋惜:天才为什么走得这么早?

"乔式早逝现象"是个例吗?据《每日经济新闻》的记者统计,从2010年1月到2011年7月的19个月时间里,国内有19位企业高管离世,其中12人都是死于疾病,包括百视通COO、德尔惠股份创始人兼董事长、兴民钢圈董事长、成都百事通总经理等,半数都是突然逝世。

乔布斯走了,除了哀思外,我们最应该反思什么?

每天工作18小时,什么最受伤?

中医认为,长寿的根本在于五脏器官的健康,《黄帝内经》记载:五十岁,肝气始衰;六十岁,心气始衰;七十岁,脾气虚;八十岁,肺气衰;九十岁,肾气焦。

一方面,内脏自然衰退;另一方面超时的工作和不健康的生活方式加速了内脏的损耗,比如,公司CEO最大的负担就是应酬多、酒多,每天喝酒的背后就是加重肝的解毒负担,不少人常常有黑眼圈、眼神黯淡或者充满血丝,这些都是肝发出"求救信号"的表现。

CEO说话多,俗话说"说话费口水",口水在中医里是"津",是由肺而生,所以说话多的背后就是肺的损耗加大。

很多企业家日常思虑多,重大决策前后往往出现焦虑、睡不好觉,甚至食欲不振的情况,这是为什么呢?中医说"久虑伤脾、久思伤神",睡不好、吃不下的背后是心主神和脾消化能力下降导致的。

睡眠少对五脏的损耗就更严重了,五脏基本上都是在夜间轮休、排毒,这时人持续加班,五脏也跟着一起加班、熬夜,肝火旺很多就是肝在应该休息的时候得不到休息的表现。

因此,超时工作的"隐性受害者"是五脏,五脏接二连三发出"求救信号":感冒、胃口不好、四肢无力、白头发一片、焦虑,如果仍不注意,直接导致的结果就是:猝死!

国医大师建议:损五脏就补五脏……

针对企业家忙碌的特点,江中制药集团推出了一道由名贵药材配伍制成的现代滋补品:参灵草,它由虫草、西洋参、灵芝配伍而成。

参灵草适合调五脏,中药里能够调五脏的单方极少,复方的好处之一就是系统,虫草调肺肾,西洋参调心、肺、肾,灵芝调心、肝、脾、肺、肾,三者配伍后,强强联手,滋补五脏的效果得到叠加。

参灵草这个滋补方还有一个好处就是平补微调,我们知道西洋参是凉的,虚寒的人不能常年吃,虫草是带温的,热性体质的人吃了会上火,灵芝性平。三样东西配在一起,一温、一凉、一平,不管热体质还是寒体质的人,都可以吃。

听听股神巴菲特怎么说吧:"你只有唯一的一颗心,只有唯一的一个身体,你得用上一辈子。如果你好好对待自己的身心,很容易用上很多年;如果你不好好照料它,过了40岁之后,你的身心就会像一辆开40年却没有好好保养的老爷车一样。"

解析:

这是江中制药集团为其现代滋补品"参灵草"而发布的一篇软文。

2011年10月5日,年仅56岁的苹果公司联合创始人、伟大的天才史蒂夫·乔布斯病逝,那一段时间,世界各地的"果粉"用各种方式表达自己对他的无尽哀思。10月25日,江中制药集团的这篇软文就见诸《参考消息》广告栏。

首先,根据发布媒介特点,明确读者对象。《参考消息》是新华通讯社主办的,每天及时选载世界各国(地区)通讯社、报刊及互联网上的最新消息、评论的精华,全面报道世界各国以及香港、澳门、台湾等地区的政治、经济、军事、科技、体育、文化及对华反应等各方面的最新情况,其订阅者一般学历层次较高,有一定的政治、经济地位。此文以企业家为直接诉求对象,无疑就是看中了这点。

其次,善抓热点人物和事件,内容又极具专业性。

最后,写作重点突出,层次分明。标题简单明确,利用热点人物和生动的比喻,一下子抓住读者的眼球。文章开头由乔布斯早逝引出"乔式早逝现象",在直击人们对英才早逝的惋惜之情时,顺势推出后面的反思。下文则以两个部分的主要篇幅,详尽而深入地从中医理论到人们工作、生活习惯,围绕产品的成分、特点、功效等展开描述。文末又借助国医大师和股神之口,警醒目标消费者爱护、保养身体,促使读者产生消费行动。

六、项目技能训练

1. 点评

试点评本项目中"三、习作文案展示"的赵君拟写的习作文案。

2. 技能训练任务情景

郑丽在国际商贸城经营一家"丽人化妆品"店,专营女性化妆品,这天她刚进了一批某品牌的面膜新品,这新品面膜具有淡化斑点,轻松去除老旧角质,改善暗黄肤色,滋润、美白、亮肤等功效。

1) 任务

请为郑丽拟写这批面膜的网络推广软文。

2) 要求

(1) 角度不限,话题不限,具有真实性、可读性。

(2) 标题新颖有创意,有吸引力。

(3) 软文有针对性,适应目标消费者,让人惊奇也好,"拍砖"也好,争着回帖最好。

(4) 软文要体现出店铺、地址、联系方式……只要让人想点击,不突兀,只体现一个都没问题。

1. 关于"杏花村"

唐朝大诗人杜牧的《清明》一千多年来广为人们传诵。杏花村酒也随着他的诗而声名远播。用现在的营销策略来看,这首《清明》,就像是杏花村酒的一次广告,是当之无愧的软文。

虽然在中国,杏花村至少有两个,而安徽池州城西的那个,才是杜牧诗中的杏花村。但是,山西杏花村汾酒集团有限责任公司(山西汾酒集团)也曾用杜牧诗句"借问酒家何处有,牧童遥指杏花村"做广告。如今,以生产经营中国名酒——汾酒、竹叶青酒为主营业务的山西汾酒集团,拥有的两个中国驰名商标之一就是"杏花村"。2012年9月,第18届"中国最具价值品牌"百强榜在英国伦敦揭晓,榜单涉及国内35个竞争性行业的50个产品类别。山西汾酒集团"杏花村"品牌以83.17亿元的价值位列榜单第36名,再度入围"中国最具价值品牌"百强榜。

2. 1999年"脑白金"神话

"今年爸妈不收礼,收礼只收脑白金。"

"脑白金,年轻态,健康品。"

一时间,脑白金的这些广告在全国几乎家喻户晓。春节期间,脑白金更是标榜自己为节日礼品的主流。

"脑白金"代表的中国医药保健品行业,真正将软文推向了高潮。

3. 微电影:《MINI PACEMAN 城市微旅行》

2013年3月16日,《MINI PACEMAN 城市微旅行》在上海举行首映后,反响空前。电影海报如图 3-1 所示。是什么让这部微电影的播映得到人们的好评呢?原因在于策划者用这部微电影阐述了一个全新的概念:城市微旅行,即"在繁忙的工作中,就在居住的城市,展开长则数天、短则半日的旅程,发现那些朝夕相处的城市不为人知的美"。

图 3-1

  这并非创作者凭空捏造的概念,而是隐匿在无数都市人群心中蠢蠢欲动的需求。生活快节奏带来的身心疲倦,对旅行与假期的渴望无疑是都市人群内心的真实表达,而城市微旅行的概念则让人们发现有这样一种方法来满足自己的需求。

  主创团队选择了三座各具特色的城市:北京、上海、杭州。并邀请作家冯唐、酒店控文林、绿茶老板路妍,驾驶 MINI PACEMAN 来行走和发现他们扎根的城市。通过 MINI PACEMAN-伙伴,做游客-视角的变换这两个关键词,让城市微旅行的概念变得具象而吸引人,就好像有了这台车,每一个人都能摇身成为微电影里发现城市之美的主角。

  更为难得的是,这部微电影发布在新车 MINI PACEMAN 上市之前,既为新车上市成功做了宣传铺垫,又让这款全新车型成为城市微旅行的代名词,成为一种生活态度的代表,自动与其他车型区分开,创造了独有的消费领域。

(资料来源:中国广告网＞品牌营销＞经典案例《2013 年度五大成功微电影营销案例》)

项目四

博客与微博客

 项目技能要求

（1）了解博客与微博客营销。
（2）具备在国内主要大型网站开建和维护博客的能力。
（3）能根据要求拟写营销性博文、微博文。

一、情景导入

国际商贸城近期入驻了一位钱老先生，他长期经营文化办公用品，但过去主要依靠积累的人脉关系做生意。入驻国际商贸城后，在其他年轻商户的示范带动下，钱老先生对网络营销产生了浓厚的兴趣，因为文字功底较好，他想在新浪上开通一个博客，尝试进行博客营销。万事开头难，开博第一篇文章到底写什么、怎样写，却让钱老先生犯了愁。

二、任务及要求

1. 任务

请代钱老先生写一篇开博文。

2. 要求

（1）博文内容与钱老先生的经营活动有关。
（2）面向客户，清晰传达对客户有价值的产品信息。

三、习作文案展示

赵君接受委托后,在网上有针对性地阅读、分析了一些营销类博文,然后拟写出了自己比较满意的两篇博文。

文案1 妙用办公金属夹

金属夹是办公中经常使用的办公用具,黑色的坚固而又富有弹性的金属片,外加两条金属把手,就组成了我们经常夹纸用的小夹子,如图4-1所示。

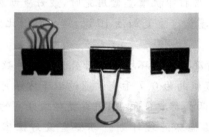

图 4-1

金属夹的力量惊人,可以固定一大叠纸张或文件。一个薄薄的铁片加上两个把手的结构,让使用的人操作起来分外灵活。除了夹纸之外,办公金属夹还有两种妙用。

办公金属夹妙用之一:理线夹子不用买,桌面线缆变整齐。

笔记本、台式机、手机、相机、网线、电源线,或者还要再加上一个移动硬盘,现代人的办公桌总是乱糟糟的。虽然淘宝上有专业的理线夹,但专门买一个回来就太小题大做了。实际上,只要你肯动脑,理线夹就在你身边,如图4-2所示。

办公金属夹妙用之二:手机支架很便宜,两个夹子搞定它。

手机的配件总是卖得很贵,手机的支架也不例外。用多个办公金属夹diy一下,就能做出属于你的手机支架,如图4-3所示。

图 4-2

图 4-3

文案2 企业如何减少文化办公用品支出

各位朋友,我姓钱,长期从事文化办公用品销售,近期我把店搬进了国际商贸城,还在新浪上开通了博客。

我常听一些顾客朋友抱怨：现在公司日常经营管理都离不开文化办公用品，文化办公用品的开支必不可少，但又容易产生浪费。今天，作为一个资深文化办公用品经销商，我来和大家分享一些有效利用文化办公用品，减少公司不必要的开支的方法。

(1) 大批量采购。这样既可以省钱，也不用经常去办公用品商店。比如，本店就推出办公用品300元起9.5折优惠，如果从我的网站上批量订购，还可以享受较低的优惠价并免费送货(http://qianxsh.com/)。

(2) 包装材料的再利用和循环处理。无论订购量有多大，最终都可能要扔掉一些包装材料。在把这些材料交给专门机构进行再处理之前，可以考虑自行处理。比如，纸板箱可用来装运东西，塑料袋、泡沫塑料等可用来存放和保护贵重物品。

(3) 重新加注喷墨盒。当打印机喷墨盒用完时，最好重新加注墨水，而不是购买一个新的。一般情况下，一个喷墨盒可重复加注10次，这样可以比购买新的喷墨盒节省75%的开支。

(4) 监管纸张的使用情况。美国环境保护署公布的统计数字显示，一般情况下，办公室里平均每人每天产生的废纸约为0.7千克。通过以下方法可节省纸张的用量：在必需的时候才复印，复印纸正反两面都要使用，购买再循环成分高的纸张。

(5) 制订一份办公用品循环处理计划。办公室最好像家庭一样，对垃圾进行分类处理。

希望以上这些方法能为需要的朋友们提供一些便利和帮助。在博客里，今后我会经常发一些文化办公用品的新产品图片和信息，欢迎大家关注我的博客。

四、相关知识

1. 博客和微博客

(1) 博客最初的名称是 Weblog，由 web 和 blog 两个单词组成，英文单词为 blog (Weblog 的缩写)，按字面意思就是网络日记，后来喜欢新名词的人把这个词的发音改了一下，读成 we blog。由此，blog 这个词被创造出来。它是互联网平台上的个人信息交流中心。

(2) 微博客(MicroBlog)就是微型博客，简称微博，是一个基于用户关系的信息分享、传播以及获取平台，用户可以通过 Web 以及各种客户端组建个人社区，以140字左右的文字更新信息，并实现即时分享。

(3) 博客和微博客的区别。众所周知，日记是个人隐私，在中国，不少家庭的父母不太尊重孩子的隐私权，因此我们经常会听说由于父母偷看孩子日记而导致家长和孩子激烈的矛盾冲突的事情。博客其实也是个人日记，但是，它是博客作者主动、自愿地和网民分享的公开日记。博客通常由个人管理，作者可以不定期地发表、更新文章或图片等。

博客的出现，将互联网上的社会化媒体推进了一大步，任何人只要愿意都可以在网上建立自己的博客。但是，博文一般结构完整，篇幅较长，这样大的工作量对于博客作者会成为很重的负担。

微博是博客的自然延伸,因为它篇幅简短,撰写容易,且广泛分布在桌面、浏览器、移动终端等多个平台上,使用起来比博客更为便捷。在没有计算机的地方,只要有手机也可即时更新自己的内容,一些大的突发事件或引起全球关注的大事,如果有微博在场,利用各种手段在微博上发表出来,其实时性、现场感以及快捷性,甚至超过其他所有媒体。

2. 博客和微博营销

(1)博客营销是指博客作者在博文中利用个人的知识、兴趣和生活体验等传播商品信息的营销活动。博客营销主要依赖博主粉丝的口碑营销、病毒营销等。

(2)微博营销是指微博主在微博上提出或参与大家感兴趣的话题,利用自己的内容更新与广大网民交流,从而达到营销目的的一种网络营销方式。

3. 企业博客

(1)企业博客就是以企业名义开设的对外宣传的博客,是企业的公关窗口。一个企业的专门博客,相当于一个企业的小型网站。

(2)企业博客营销。互联网上有了博客以后,尤其是博客不再是单纯的个人日志,而成为一种可以营销的工具以后,很多企业开始意识到博客的营销价值,积极尝试使用博客,为自己的企业目标服务。

博客营销靠的是流量,粉丝及好友的数量非常重要。企业博客要达到营销目的,首先博客应该找准自己的定位,以企业和自己的产品特点确定好博客的主题。这样,企业才能聚集自己的用户和潜在用户,从而有针对性地对这些用户进行宣传,展开互动。

其次,博客内容要经常更新,使浏览博客的读者能不断获取到他们需要的信息,吸引他们关注和经常来你的博客,他们才能成为你的粉丝和好友。

(3)企业博客写手的来源如下。

① 企业家。企业家以自己的名义开博,在博客里发布企业或产品信息。这类博客,主要是实名博,且多在新浪的名人博客里面。主要有两类:一类是房地产企业家如王石、任志强、潘石屹等;一类是IT企业家或高级经理人如李开复、周鸿祎、徐东英等。

特别知名的企业家,他们都拥有了一批粉丝,和明星开博客一样,知名企业家的博客不用担心点击量和访问量。

② 企业员工。很多企业的博客是由员工来当博客写手的。这样的博客写手一般对公司的某些方面比较专业,例如,软件开发人员、律师、会计师、营销专家等,他们发布产品信息时,不仅是传播信息,还会告诉消费者信息的真正含义。例如,当微软还在测试新的搜索引擎以前,MSN搜索小组的博客写手便使用博客发布产品信息,坦承哪些地方还需要再改进,并告诉公众产品的开发方向,让公众对产品产生信赖感与期待感。

③ 企业聘用的专业写手。企业自身如果没有足够的资源来经营维护企业博客,可以聘用专门的博客写手或第三方专业博客营销公司来管理维护博客。博客Android Central的主编菲尔·尼金森声称,手机制造商三星电子和HTC曾给博客写手报销飞机

票和酒店住宿费,让他们的博客写手,包括远在柏林的写手,前来参加会议,旨在为其即将发布的产品造势。Android Central 博客的写手也在邀请之列。

④ 消费者。企业博客的写手也可以是喜爱公司产品或服务的消费者。当然企业也在后面推波助澜。例如,世界 500 强之一的美国宝洁公司,它的博客在全世界有 2000 万注册客户。宝洁公司投放了大量的奖券,鼓励客户在宝洁公司的博客里为新产品叫好,而奖券让他们在世界各地购买宝洁产品的时候得到大的折扣。

4. 博客与微博客的写作

1) 博客与微博客的写作题材

博客、微博客真正能起到营销作用的关键在于文章或帖子能给网友带来应有的信息量、知识量,有趣味性,有经验的分享,让网友每次来你的博客、微博客,都能有所收获。因此社会生活的方方面面,都是写作博客、微博客的题材。

(1) 自己的日常生活,如学习工作情况,人际交往应酬,节假日出行、休闲、购物,个人志趣,生活感悟等。

(2) 自己身边普通人的生活及发生的有趣的、新鲜的事,如校园生活,社区生活,潮人潮事等。

(3) 以个人特定兴趣、爱好为主题,如美食主题、情感主题、体育主题、旅游主题等。

(4) 历史上特定人物、事件的深度报道和评论,如关于传统节日的追溯和感悟,对重要的历史事件、人物及其存在的意义的回顾和反思等。

(5) 正在发生,对公众有一定意义的突发事件的发布或评论,如重大刑事案件、责任事故以及不可抗力引发的水灾、火灾、地震等自然灾害。

这类突发性事件因其意外爆发,具有突然性、震撼性,极受社会关注,具有很高的新闻价值。但因其有很强的社会影响力,特别是很多表现为负面影响,因此在发布和评论时,必须注意政策导向,以大局为重,不能片面追求轰动效应。

(6) 社会重大时事新闻事件,如广受关注的体育赛事、时政会议等。

(7) 某个热门话题的自我解读或讨论,如"超级女声""人造美人""中国好声音"等。

2) 博客的写作技巧

(1) 标题简练精彩。文章只有被阅读,其信息才能被传播,由于网络的信息量非常大,网站主页总是安排尽可能多的标题供网民点击,标题简练精彩,才能有更大的机会被网站编辑关注和推荐,也才能更多地进入读者的视野,所以标题要力求简练精彩。

标题拟写的方法很多,常见的如下。

① 实题为主,凸显核心信息。如《沈阳地铁票价进入听证程序》《人口普查今起"登门入户"》。

② 合理设置文字悬念和关键词。如《豆芽为什么这么"肥"? 激素催的》《什么是中国式的强迫症?》。

③ 改变语言的固有搭配,让熟语"陌生化"。如《恋爱是件费力讨好的事》《九牛二虎之力搬大象》。

④ 运用对比、引用、比喻等修辞手法。如《墓园暴利,人"死不起"了》《"小毛病"手机,

越修"毛病"越大》《心灵是一棵会开花的树》。

⑤ 在标题上加上一些特定的表意符号,如《争渡!怎渡?》。一些写手出于对吸引力和点击量的片面追求,不惜充当"标题党"。他们或故弄玄虚、断章取义,或标题和正文内容不完全相符甚至驴唇不对马嘴,让读者点击之后大呼上当。"标题党"表面上提高了文章的点击量,但最终损害的却是企业和产品的形象。如2016年11月微信朋友圈转发的一篇文章《人家都出轨了,你为啥还没上轨》,文章谈论的是人们在求发展时应该追求更大的平台、树立个人的品牌的问题,文章内容其实也不错,但标题却借助了当时"超级丹"出轨的热门话题,标题和内容毫无关系,是典型的"标题党"作为。

(2) 内容独特新奇。网上有大量的博客,题材不独特新奇,内容不具有鲜明的个性化色彩,就很难吸引人来阅读、转发你的文章和信息,所以在博客写作中,在坚持定期更新文章内容的基础上,一定要坚持个性化的创作,以自己的视角写自己的观点、态度。要注意以图配文,使文章图文并茂,让读者耳目一新,强化读者记忆。

(3) 写作专业而不枯燥。写博客营销文章,不能像一般人写博客那样随意。营销文章要为自己的营销目的服务,要围绕自己的产品布局自己的文章,要在不同的文章题材中体现自己的专业水平、知识,能让业内人士认可。

但是,在追求博客专业化的同时,要力戒枯燥乏味,努力把文章写得生动有趣,有吸引力。如产品功能故事化、产品形象情节化。这样,通过一些生动感人的故事情节,让产品功能自己说话,让人们自然地来感知、认知你的产品。

(4) 产品博文系列化、焦点化。整合营销要打营销组合拳,但营销主题必须明确。博客营销不是立竿见影的电子商务营销工具,需要长时间的坚持不懈。因此,在产品的博文写作中,一定要坚持系列化,就像电视连续剧一样,不仅要有故事的发展,还要有高潮,这样博客的影响力才大。

同时,博文的内容也一定要聚焦到推广的网站产品,比如说,做玩具的不要去发一些和玩具行业无关的内容。

(5) 文章字数精短化。博客不同于传统媒体,博文长而完整,既要论点明确论据充分,又要短小耐读;既要情节丰富感人至深,又要不花太多的时间。一篇博文最好不要超过1000字。要注重排版整齐、美观、关键词的提炼和链接的设置。

(6) 美图配文,图文并茂。精美的图片既能很好地传递商品的信息,树立企业的形象,又能给消费者带来极大的视觉冲击力,人们也更愿意转发那些有图的文章和帖子,所以写作博客,应尽可能为文字配上恰当的图片。

3) 微博的写作技巧

(1) 展示自我,树立自我品牌形象。在博客首页,写一段突出自己个性特点和亮点的自我介绍,选一张有个性的照片做头像。

(2) 留心大众喜好,选择恰当内容,把大家想读的内容和自己想让大家读取的内容紧密结合起来。

(3) 广泛收集素材,平时归纳整理,然后适时发布。如在网上"冲浪"时,看到有趣的网站、网页、图片、内容,先用书签收藏起来;看书的时候,看到富有智慧或引发深思的内容,也先记录下来,在合适的时候,以自己的语言写出来发到微博上去。

(4) 条理清晰,文字精短,写好 140 字。微博客每帖限制在 140 字以内,可以说本身就具有精短化的要求。但是无论文字怎样少,内容也要写得条理清晰,重点突出。

一般来说,微博内容可以分为开头、中间、结尾三部分。开头第一句就像标题,要一下子吸引人的眼球,中间要清晰、有条理,最后一句就像结论,要突出重点,引发读者思考或诱导转发评论。

(5) 主题明确,一条微博一个信息。一条微博表达一个完整的信息,或一条微博讲一个故事,不要把无关的内容都塞进来,也不要把几个信息混杂在一条微博里。

(6) 美图吸引眼球、链接扩展,提高点击量和转发量。微博 140 个字,不但可以有纯粹的文字内容,还要注意以图说话、图文并茂,在需要时,还可以加上网址链接,链接到其他网站、其他微博等外部资源。

五、范例欣赏与解析

范例 1 联想的博客营销

在 2008 年北京奥运会期间,作为奥运会全球合作伙伴的联想,除了展开强大的硬广告攻势外,博客营销也成为其奥运营销战略的重要一环。

在名为 Voices of the Olympic Games(奥运之声)的活动中,联想邀请 25 个国家的 100 名奥运选手,在其 Google 的 www.blogger.com 上开通博客。选手通过博客的形式,把在北京奥运会期间的所见所闻展现给网民,为网民介绍一个真实的奥运会。为此,联想免费为合作的 100 名奥运选手提供联想 IdeaPad 笔记本电脑和数码相机等设备,方便运动员将奥运会的经历写下来。

联想还开通了自己的企业博客,并派专门员工负责维护博客的内容。

Voices of the Olympic Games 和联想的企业博客内容都是英文写成的,邀请的 100 名奥运选手都是外国人,博客轻易地突破了国界的地域限制,吸引了全球观众的眼球,取得了很好的营销传播效果。

解析:

联想这次的博客营销活动,有 4 个特点。

(1) 抓住了奥运这一全球关注的热点事件。

(2) 选择在奥运各项赛事中的知名选手作为博客写手,通过选手们从各自的角度,诠释奥运精神,使奥运会变得更为立体、真实,让网民可以直接感受、体验奥运选手的真实风采。

(3) 活动覆盖范围达到了 25 个国家和地区,影响和传播范围广。

(4) 博客营销将品牌同博客写手隐性联系在一起,网民在同博客写手的互动中,可以亲身感受到品牌或产品的特性,其效果远远胜过乏味的广告。

范例 2

范例 2 如图 4-4 所示。

图 4-4

解析：

女排在里约奥运会夺冠，为国人带来了巨大的惊喜和感动，此微博借助这一热点事件，图文结合地制造一个话题，阅读量高达 40 万人次，互动参与和转发的网友很多，品牌曝光度非常大！

（资料来源：百度＞ChinaZ.com＞站长之家＞《有人说微博营销已经过时了，微博走下神坛了吗？》）

六、项目技能训练

1. 点评

试点评本项目中"三、习作文案展示"的赵君拟写的习作文案。

2. 技能训练任务情景

1）任务

在新浪、搜狐、网易、腾讯等任一大型网站上自建博客，以服装、化妆品、美食或自己感兴趣的内容为博客主题，写出自己的开博文，并撰写一条微博信息。

2）要求

（1）文章结构严谨，尽量展现你在相关领域的专业度。

（2）语言文字清晰明了，庄重正式，没有口语化或者非正式用语。

（3）文章有新意，标题要吸引人，并且还要含有关键词。

（4）微博信息在博文的基础上浓缩核心信息，或具备话题性。

知识延伸

(1) 2005年9月28日新浪博客上线,开启中国互联网写作时代。据新浪博客统计:截至2015年,上线10年,有120901816人在新浪博客记录生活。

(2) 中国互联网络信息中心(CNNIC)公布《2007年中国博客调查报告》显示:中国博客作者人数达4700万,但是经常更新自己博客的活跃用户只有36%。

国内的门户网站几乎都有博客平台,如新浪、网易、雅虎、搜狐、百度等,另外还有许多专业的博客网站,如财经博客、和讯博客、宝宝树博客、太平洋女性、中国经济网博客、时光博客、豆瓣博客、51博客、博客大巴、中金博客、中关村博客、爱情公寓博客、金融界博客、天下宝贝博客、体坛网博客、聚友博客、红豆博客、芒果博客、土豆网博客、天涯博客、阿里巴巴博客等。

(3) 微博营销是2012年中国艺术营销的一大热点。不管是图书、电影还是演出,在正式登场之前往往都会选择先在微博上亮个相。从一开始的信息发布、公布预告片到之后的粉丝推广、活动策划,微博营销在艺术市场上发挥着越来越重要的作用。

爱乐汇文化公司项目经理蔡佳臣在接受记者采访时就说:"现在做演出,早已不是竖两块广告牌就能把票卖光的时代了,最需要的就是精准营销,关键是要找到这场演出的粉丝群。比如说,我们今年引进南京的曼托瓦尼轻音乐团,事先就在专门的音乐网站、论坛和贴吧上做了大力推广,转发微博并@好友达一定数量的网友将获得抽奖资格。我们的官方微博也@了很多音乐、文化界的名人。从票房看,营销效果还是很好的。"

附文

微 信 营 销

1. 什么是微信

微信是腾讯公司于2011年年初推出的一款通过网络快速发送语音短信、视频、图片和文字,支持多人群聊的手机聊天软件,是一种更快速的即时通信工具。

2. 微信的优势

(1) 跨平台支持多平台,沟通无障碍。微信支持主流的智能手机操作系统,不同系统间互发信息畅通无阻。

(2) 轻松聊天不透露信息是否已读,降低收信压力。

(3) 图片压缩传输,节省流量。

(4) 输入状态实时显示,带给用户手机聊天极速新体验。

(5) 移动即时通信,楼层式消息对话让人们的聊天简洁方便。

(6) 零资费,微信软件完全免费,使用任何功能都不会收取费用,微信产生的上网流量费由网络运营商收取。与传统的短信沟通方式相比,更灵活、智能,且节省资费。

3. 微信与微博的区别

微信与微博都是交流的工具。

微博是用户在计算机上通过网站提供的页面各自发布自己的微博,粉丝查看信息并非同步,是差时浏览信息。微博普通用户之间不需要互加好友,是一对多的开放的扩散传播。微博重在品牌传播,交流呈开放性特点。

微信是即时聊天软件,普通用户之间需要互加好友,是一对一的私密空间内的闭环交流。微信重在交流,交流呈精准性特点。

4. 微信的营销作用

随着微信用户的日益增多,微信正慢慢地渗透到各种社会及商务活动中。人们通过微信的摇一摇、漂流瓶等功能,非常方便、迅速地让信息散播出去,以微信为主要手段的微营销模式也应运而生,"微商"这个词也逐渐为人熟知。

微信营销包括微信公众号营销和个人微信朋友圈营销。对于企业来讲,理想的状态是微信公众号和个人微信朋友圈营销结合起来,以微信公众号营销为主;对于个人创业者来讲,以个人微信朋友圈营销为主,微信公众号为辅。

5. 朋友圈微信营销

(1)用户可以通过微信与好友进行形式上更加丰富的类似于短信、彩信等方式的联系,借助个人关注页和朋友圈,实现品牌的传播。

(2)把自己打造成所经营产品领域的专家,树立专业形象,打造专家营销。

(3)通过用户分组和地域控制,实现精准的消息推送,直指目标用户。

(4)中小企业和创业企业通过朋友圈发展代理,建立营销渠道。

6. 微信公众平台营销

微信公众平台的功能主要有实时交流、消息发送和素材管理,用户对自己的粉丝分组管理、实时交流都可以在这个界面完成。

微信公众号是主要面向名人、政府、媒体、企业等机构推出的合作推广业务。在这里可以通过微信渠道将品牌推广给上亿的微信用户,减少宣传成本,提高品牌知名度,打造更具影响力的品牌形象。

微信公众号可以通过后台的用户分组和地域控制,实现精准的消息推送。普通的公众号,可以群发文字、图片、语音三种类别的内容。

7. 微信营销案例分享

1)机场微信业务

南航(中国南方航空公司)率先在国内推出微信值机服务,只要微信搜索"中国南方航空"用户,加为朋友后,根据提示输入证件号、南航明珠会员卡号或者机票号即可办理值机手续。

不仅南航,春秋航空也开通了微信业务,除了可微信订机票外,春秋航空的微信公众号还包含各类客服功能,就连航班上不慎遗失的物品,也可以通过微信联系春秋航空服务人员寻找。

2014年9月25日起,重庆机场已为旅客提供了在其对外微信公众号上办理值机服务。

2)车商的微信营销

2013年比亚迪汽车微信公众号进行了第一次技术升级,架构了微信官网,并增设了预约试驾、互动活动发布体系、LBS服务等多个微信模块,以提升比亚迪微信公众号的互动性和用户服务体验。

比亚迪"秦"新车上市借道微信整合营销,3个月实现了3万多个精准目标粉丝的积累;"秦"上线后的三周内,粉丝互动率达到了60%以上,并成功收集了2400多个销售线索,比亚迪汽车成了2013年汽车行业最成功的微信营销案例。

3)微信会员卡——二维码

在微信中,一些商家设定了自己品牌的二维码,用户只需用手机扫描商家的独有二维码,就能获得一张存储于微信中的电子会员卡,可享受商家提供的会员折扣和优惠等。

4)微信朋友圈营销

【例1】 如图4-5所示。

"这款大衣不错!质感很好!喜欢的私信!"

图　4-5

【例2】 如图4-6所示。

"朋友自己开的小店,本人吃过,味道很不错~良心卤味,无添加剂!绝对吃得放心!"

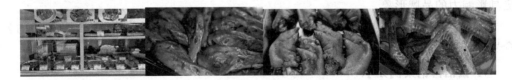

图　4-6

以上两条微信,以其亲身体验式的文字,加上配发产品的精美图片,与微信好友进行了形式更生动、内容更丰富的交流,最大可能地去唤起读者对象的认同感。

【例3】 "山清水秀官房会所游泳卡半价优惠2980元(原价5960元),还有3个名额,明天以前生效。各位亲朋、泳友,购者从速!"

此微信以简洁的文字,传递了产品、价格、优惠和时间这些消费者最关心的重要信息,并以呼告的方式,激发消费者采取消费的行动。

项目五

BBS 论坛

 项目技能要求

（1）熟悉国内主要论坛类型及特点。
（2）具备在论坛上注册、发帖的知识和能力。
（3）能根据企业要求,有针对性地挑选人气好的论坛发布帖子。

一、情景导入

李女士在国际商贸城开了家"洁丽干杂店",是一个做小商品批发的商家。清明将至,李女士联系到大宗清明祭祀用品的货源,传统的纸花、纸币、冥服、金元宝等都在1～80元不等,时髦的立体别墅、家用电器、豪华跑车等产品,要价有的高达400余元。为了迅速扩大产品销路,李女士找到了赵君。

二、任务及要求

1. 任务

为李女士推荐几个恰当的论坛,并告知她在论坛上注册的方法,为她代写论坛帖。

2. 要求

（1）推荐的论坛要符合李女士迅速扩大商品销路的要求。
（2）要有针对性地挑选有李女士潜在客户的论坛进行注册。
（3）代拟的帖子要有吸引力,尽可能去激发网民主动回帖和转帖的热情。

三、习作文案展示

几天后,赵君为李女士推荐了以下论坛:天涯社区、猫扑大杂烩、西祠胡同、网易社区、腾讯论坛。

推荐的原因:这些论坛受众范围广,并且发的帖容易收录,在这些论坛上发帖,可以达到先吸引人眼球,再抓住人内心的效果,才能更好地推广自己的商品。并以天涯社区注册的方法为例,教会了李女士论坛注册的方法。

最后赵君交给李女士自己拟写的几个论坛发布帖。

文案1 清明节引发的家庭战争硝烟

主帖:今年的清明节我过得太苦了,夹在老婆和老妈之间,真的是里外都不是人啊。关于清明的祭祀用品,她们总在那里喋喋不休,老婆要买纸花、纸币、冥服、金元宝,老妈却要买立体别墅、家用电器、豪华跑车。

不能不听老婆的话,也不能不听老妈的话,夹在两个强人中间,我左右为难啊。

回帖一:我也有这种感受,每年都在为清明节的祭祀用品犯愁,要找到一家祭祀用品比较全、价格又合理的店才好办,可以两者兼顾啊。

回帖二:我听了朋友的介绍,现在一直在一家店买,东西比较齐全。

回帖三:是哪家店啊?

回帖四:成都国际商贸城的李女士小商品批发店,每年清明节,她都会进大宗清明祭祀用品来卖,那里交通挺便利的,你们有兴趣的话去看看吧。

文案2 这个清明,我拿什么来祭奠你

主帖:又到清明节,我要去为父亲上坟。

去年上坟,我为坟墓除去杂草、培上新土,折几枝嫩绿的新枝插在坟上,食物供祭在墓前,再将纸钱焚化,让他人看了,知道此坟尚有后人。

这个清明,我该拿什么来祭奠你,我的老父?

回帖一:楼主好有感!清明祭祀,祭奠的不只是故人,更是祭奠我们逝去的幸福。

回帖二:看了楼主和楼上的帖,突然好想逝去的外公,清明节,我要买一些祭祀用品去看望他老人家了。

回帖三:楼上的要买祭祀用品啊?成都国际商贸城李女士的"洁丽干杂店",祭祀用品齐全得很。香蜡纸钱、冥服、金元宝、立体别墅、家用电器、豪华跑车都有。

回帖四:现在的祭祀用品花样好多哦,有些贵得吓人。

回帖五:李女士这家店,批发零售兼顾,一件也算批发价,很合理、很便宜。

文案3

拟发布日期:2016年3月30日。

拟发帖人身份:记者。

帖子目的:商业营销。

标题：震惊！黑色祭祀用品业，你所不知道的暴利世界！
主帖内容如图 5-1 所示。

图 5-1

春寒料峭中，一年一度的清明节即将如期而至。为了了解今年祭祀用品的行情，记者近日走访了本城一些经营祭祀品的商家。

走访中记者得知，在一些零售店出售的祭祀品中，许多批发价仅为 5 元的祭祀用品，零售价为 100 元左右，毛利高达 20 倍。

"现在的别墅真是不便宜，一个 1 米多高、轻飘飘的纸扎别墅，就敢要 100 元。"今年是市民陈先生的母亲去世 1 周年，当日，陈先生特意来到祭祀品店，打算为母亲"更新生活用品"。挑了一圈下来，300 多元的报价让陈先生直呼太贵。"虽说想对亲人多尽一份孝心和关怀，但总归是纸扎的，实际上成本没多少钱。"

在城东广场附近的一家食杂店里，老板娘一边看电视一边叠着"金元宝"。她说，白天不忙的时候就自己叠一些，这样会节约很多成本。

知情人告诉记者，那些纸扎的别墅、汽车等祭祀用品所需材料，多为废旧纸壳，成本价也就几元钱，但售价却往往要上百元。

这些祭祀用品，不仅低价高售，而且燃烧时常散发出刺鼻的味道，有时呛得人直咳嗽，对空气质量也产生了不良影响。

黑色祭祀用品业，一个你所不知道的暴利世界！

回帖设计：拟以当地普通网民回帖。

回帖一：我上次去国际商贸城买东西，记得有一家"洁丽干杂店"也在卖祭祀用品，买的人很多，应该不错吧。

回帖二：楼上网友说的那家店上次清明节我去过，那家店的纸花、元宝等都非常便宜，"立体别墅""跑车"等豪华套餐一套才 400 多元钱，既然亲人已经到了另外一个世界，那么就让他们在另外的世界过得好一些吧。

回帖三：原来殡葬行业这么暴利啊，我上次去扫墓在墓园买了一对"纸人"都是 200 多元钱，不知道被黑心商家坑了多少钱！下次扫墓买祭祀用品一定要货比三家！

四、相关知识

1. 论坛的含义

论坛就是公众可以公开发表言论的地方。

2. 论坛类型及特点

1）实体参与型论坛

实体参与型论坛包括大型峰会论坛、讨论社会问题、专业学术论坛等。著名的论坛有博鳌亚洲论坛、精英外贸论坛、亚欧会议、东亚峰会、G20峰会、八国集团首脑会议、世界经济论坛新领军者年会……

特点：具有一定的时间、地点、参与人员的要求。

2）网络交流型论坛

网络交流型论坛简称BBS网络交流论坛，是以网络为媒介的交流平台。例如，天涯论坛、水木社区、豆瓣社区、猫扑大杂烩、强国论坛、新华网论坛、凤凰论坛、新浪论坛、百度论坛、网易社区等各种网站论坛（BBS）。

特点：具有范围广、参与人群广，开放性的交流互动社区。

3. BBS论坛

1）概述

BBS的英文全称是Bulletin Board System，翻译为中文就是"电子布告栏系统"。BBS最早是用来公布股市价格等信息的，与一般街头和校园内的公告板性质相同。近些年来，由于爱好者们的努力，BBS的功能得到了很大的扩充。目前，通过BBS可随时取得各种最新的信息；也可以通过BBS来和别人讨论各种有趣的话题；还可以利用BBS发布一些"征友""廉价转让""招聘人才"及"求职应聘"等启事；更可以召集亲朋好友到聊天室内高谈阔论……

2）BBS论坛分类

BBS论坛就其专业性可分为以下两类。

（1）综合类论坛。综合类论坛包含的信息比较丰富和广泛，能够吸引几乎全部的网民来到论坛，但是由于范围广便难以精，所以这类的论坛往往不能全部做到精细。通常大型的门户网站有足够的人气和凝聚力以及强大的后盾支持能够把论坛网站做到很强大，但是对于小型规模的网络公司或个人简历的论坛网站，就倾向于选择专题性的论坛来做到精细。

（2）专题类论坛。专题类论坛是相对于综合类论坛而言，专题类论坛能够吸引志同道合的人一起来交流探讨，有利于信息的分类整合和搜集。专题类论坛对学术、科研、教学都起到重要的作用，例如，购物类论坛、军事类论坛、情感倾诉类论坛、计算机爱好者论坛、动漫类论坛等，这样的专题类论坛能够在单独的一个领域里进行版块的划分设置，甚至有的论坛把专题性直接做到最细化，这样往往能够取得更好的效果。

(3) 常用中文热点论坛如下。
猫扑社区：http://www.mop.com/
天涯社区：http://www.tianya.cn/
奇虎：http://www.qihoo.com/
新浪论坛：http://www.sina.com
百度论坛：http://pcbbs.baidu.com/
搜狐社区：http://club.sohu.com/
网易论坛：http://bbs.163.com/
51论坛：http://bbs.51.com/
腾讯QQ论坛：http://bbs.qq.com/
西祠胡同：http://www.xici.net/

4. BBS论坛写作

1) 关于论坛营销

论坛营销就是企业利用BBS论坛这种网络交流的平台，通过文字、图片、视频等方式发布企业的产品和服务信息，从而让目标客户更加深刻地了解企业的产品和服务，最终达到宣传企业的品牌、加深市场认知度的网络营销活动。

由于BBS论坛具有开放、自由、交互性强等特点，论坛的话题也是开放性的，因此企业所有的营销诉求几乎都可以通过论坛传播得到有效的实现。

2) 论坛帖子的撰写

BBS论坛上的帖子包括各种置顶帖、普通帖、连环帖、论战帖、多图帖、视频帖等，因此要在BBS上发送推广帖子，撰写前对其内容需要进行周密的策划。

论坛帖子一般应撰写标题、主帖与回帖三部分。

(1) 标题：标题是帖子成功的关键，因为标题写得"诱人"与否直接决定帖子的浏览量。

好的标题应该具有故事性、新奇性和新闻性。如美国广告大师奥格威为舒味思饮料做的广告标题《"舒味思"的人来到了本地……》，就以其较强的故事性吸引人认真读主帖。

益生堂三蛇胆的《益生堂三蛇胆为何专做"表面文章"?》广告标题，则大胆地把企业产品自贬到"做表面文章"的不良现象中，却以似贬实褒的方法，赋予标题新奇性，来引发人们的好奇心，进一步吸引更多人阅读。

而宽飞仿生被的《独家披露被子里的新闻》，直接采用新闻术语，使广告标题带上了明显的新闻性，在大家都爱看新闻的当今，取得了很好的效果。

(2) 主帖：当网友被标题吸引到主帖时，主帖内容的质量直接决定了回复，因此在写主帖内容时，可以把标题中有争议的场景展开，在一个完整的产品使用场景下，传达产品对于消费者的重要性，并在主帖结尾为回复设置悬念。

由于产品信息传达也可发生在回复中，因此建议主帖只要将产品使用场景叙述清楚即可，不需要加入过多的产品信息，以免引起网民反感。

(3) 回帖：随着论坛的管理越来越严格，帖子标题基本无法捆绑企业关键词，在主帖内容中也不宜直接出现企业信息。这样,要想实现企业信息传递的目的,只能以抢眼、新奇的标题,诱导网民主动打开帖子浏览,再通过巧妙的帖子回复,告知企业的相关信息。

我们撰写论坛帖,不能只写标题和主帖,仅仅被动地等待网民被标题、主帖吸引,然后自动跟帖和回复。那样,我们发布的帖子极有可能被埋没在每天海量的信息中而成为无人问津的死帖。

为了使帖子"活"起来,我们要以普通网民的身份,争取在前五楼或第一屏中积极主动地发布植入了传递信息的跟帖和回复,利用一般人的"从众心理"引导网民对产品的评价。

值得注意的是,评价过低,不利于树立产品形象;评价过高会令网友察觉整个帖子的意图,影响产品传达的效果。因此在写回复时要根据产品实际确定宣传主题,无论是正面评价,还是不同观点论争,都要围绕这个主题来进行。

3) 论坛帖撰写提交格式

企业论坛营销是一个严肃的过程,在完成论坛帖的撰写后,往往要提交给相关负责人审阅或团队讨论,这就需要提交一个规范格式的能展示撰写思路的论坛帖。论坛帖撰写提交格式示范如下。

论坛帖主题:
发帖目的:
发帖人身份:(真实身份,或虚拟性别、年龄、职业)
主帖标题:
主帖内容设计:
文字:
图片:
链接:
视频(音频):
(拟发布日期:　　月　　日)
回帖内容设计:
回帖一:
回帖二:
(拟发布日期:　　月　　日)

4) 论坛话题撰写技巧

论坛发帖要想引起人们的关注,撰写能引人注目、激发兴趣的话题是关键。常见的论坛话题撰写技巧如下。

(1) 设问法。询问的帖子在论坛里是最常见不过的了,不少论坛甚至专门开辟出问答版块来供网友们相互解决问题。为网民所关注的话题,往往能吸引网民的参与热情,激励他们自发地回帖和转帖。如:

"没人关注宇宙天团 EXO 最红的鹿晗解约的事吗?"
"毕业一年半失业中,何去何从?"

"陕西西安连锁经营适合每个人做吗?"

"马克公馆的铺子怎么样?"

前两个问题,是大量网民所关注的,后两个问题,巧妙地把营销对象嵌入了其中。

(2) 比较法。以网民的生活常识为参照物,或找一个与推广对象相同但知名度较高的事物为参照物,把要推广的对象与之进行比较,从而赢得网民的关注和信任。如:

"感冒时吃这几道菜,比吃药效果强 100 倍! 值得收藏!"(感冒吃感冒药是常识,与之作效果比较,凸显了要推广的菜肴的益处。)

"《钱江晚报》报道:哪家工厂的排水可以养鱼?唯有玫琳凯的可以!"(护肤品的安全性是消费者关注的重点,工厂排水造成环境严重污染的事件也屡屡见诸新闻媒体,玫琳凯以自家制造厂排水可以养鱼这一现象,来向消费者承诺其产品的安全性,并以新闻报道来佐证其客观真实性。)

(3) 排名法。排行榜是许多网友最喜欢看的帖子,这点在娱乐圈中用的最多。如 2016 最受欢迎的十大金曲、2016 最受欢迎的十大影片、悬疑推理小说排行榜前十名等。针对网友的这个特点,网上不少站长就策划了类似 2016 最受"90 后"关注的十大网站、2016 最有意思的十大网站等,在这十大网站中,九个务必是知名度极高的,加上一个自己的网站。

又如:"我们家的护手霜套装被 Elle 杂志评选为综合排名第一的护手霜喔",以专注于时尚、美容、生活品位的法国女性杂志 Elle 的排名,树立了产品的品牌形象。

(4) 分享法。与网友分享自己珍藏、喜欢的东西,既容易被别人关注,又增加产品的可信度。如:

"宝宝偏食怎么办?试一下纽儿宝全营养幼儿配方奶粉吧。"

"扒一扒使用过的护肤品,谈一谈使用心得!"

"这个茶不错。性价比很高!"

(5) 热点法。了解大家最近都在关注什么,或者是最近发生了什么事情,根据内容分析哪些人会来看,再根据这些人的习惯来编辑帖子标题。在介绍当今最热点的人或事时,不经意间把宣传内容加进去,看似也在讨论热点,实质已经偷梁换柱地把宣传对象深入读者心中。如:

"凤姐要代言××游戏?"这个帖子,无疑就是傍着凤姐当时被火热炒作而撰写的宣传帖。

"天然,宝岛魔皂! 手工制作哦!"

"瑞贝斯碳纤维地暖,六大优点引领地暖科技潮流。"

这两个帖子,就是抓住天然、手工、碳纤维这些当前健康、环保的热门话题来撰写的。

(6) 煽情法。论坛是各位网友分享酸、甜、苦、辣的地方,大部分论坛都会开设一个情感类的版块,供网民进行情感交流。根据帖子类型选择合适的论坛类别,挑选该类别中人气好的论坛,有针对性地选择自己潜在客户的版块,拟写有针对性的论坛话题,能直击读者心灵,打动读者。

"最好的信息分享给我们四川老百姓! 值得一看哦!"这样的帖子放在四川地方论坛上,其点击量自然会增高。

"女人缺啥,都不能缺抗皱精华素!"这样的帖子就应放在女性论坛。

"10年后中国最富裕的24个城市 还不赶紧买房?"房价是人们关注的焦点,此帖直击网民心灵,自然提高了点击量。

"德国低调轻奢超市 AIdi 即将登陆中国!成功人士的购物首选!"德国的品质,成功人士的定位,这样的言辞会激发多少人的跟风热情啊!

(7)借势法。网络的力量让世界的人们都生活在了一个地球村,中国人的节日也在法定和传统之外,加入了舶来的洋节日,细数起来,从头到尾一年可以节日不断。而每个节日前,尤其是春节、国庆、元旦、圣诞等中外盛大节日,市场上各类促销活动热热闹闹,论坛借势炒作也是轰轰烈烈。如:

"欢乐圣诞,促销 Party,全场满 300 减 30!"

"国庆长假哪里去?去香港不伦不类,去澳门嗜赌难退,去东北季节不对,不如来我的工作室,学学护肤,玩玩彩妆,青春靓丽永不褪!"

"西蒙电气双 12 年终大促,答题有惊喜。闯关答题赢好礼,嘉力丰冬日送暖意!"

(8)奇趣法。新奇有趣的帖子往往在论坛中颇受关注,介绍一些奇闻杂事,揭揭某些人、事内幕,总能抓住网友的眼球,增大帖子浏览量。

"全省生猪保险第一单签约,每头猪支付 7.5 元保费。"

人有身价不是新闻,猪有身价才是新闻,平安保险公司业务员这个宣传帖,抓住为猪投保这一新奇之事,为人寿保险做推广。

"世界上最可怕的泳池:距离地面十多米,底部透明。"

这是 2016 年 11 月 20 日腾讯新闻的热闻之一,这条消息,将会为意大利南蒂罗尔的一家酒店吸引多少喜欢旅游、喜欢新奇事物人士的向往和到访呢?

5)论坛帖子的常见形式

记事帖:记叙自己或身边发生的为人们所关注的事情的帖子。

体验帖:讲述自己真实的生活故事和体验的帖子。

攻略帖:发挥自己的经验、知识、技能特长,为网友生活中或选择和使用产品中碰到的疑难,提供信息和解决方案,给网友带来帮助的帖子。

搞笑帖:在紧张忙碌的生活中,用某种轻巧、有趣的幽默,给人以微妙的调剂生活的佐料,让网友在会心一笑中获得压力释放的帖子。

揭秘帖:求知欲、好奇心是人类与生俱来的。越是隐秘的事物越能激发网友窥探的欲望,因此,揭秘内幕、隐情等的帖子总是能获得网民很高的关注度。

悬疑帖:那些充满悬念且无法看清真相的事物,总会导致人产生一种怀疑和不理解的心态。而越是怀疑和不理解,越能够引发网友好奇心,因此,悬疑帖总是会引发网友不断猜测和讨论。

感动帖:生活中"美无处不在",而人们往往缺乏发现美的眼睛。所以,记叙那些能够给网友带来视觉或心灵的美好和感动的帖子,总是能激发网友的感情共鸣,吸引网友自发地转发、讨论。

五、范例欣赏与解析

范例1 为了淘宝,老婆辞了IBM

在淘宝论坛有这样一个帖子"为了淘宝,老婆辞了IBM",这个帖子的主人是一对经营药妆的淘宝五钻卖家。男主人主要写帖子,偶尔帮忙打理店铺,女主人主要打理淘宝店铺。帖子讲述的是他们药妆店铺的整个淘宝成长历程,内容相当丰富,从做淘宝买家讲起,然后辞职IBM工作,走上淘宝药妆经营路;从一钻发展为五钻,从一个很小的店铺,发展为现在拥有二十多万库存,具有一定规模的淘宝五钻店铺,在淘宝药妆行业内位居前列。

此帖内容先后更新过几十次,字数过万,回帖量超过两千,浏览量接近五万,在不同时段既上过淘宝首页,也上过淘宝论坛首页。在与网友分享网店创业历程的同时,也大大增加了帖子主人在淘宝论坛的曝光率,从而收到了很好的论坛营销效果。

解析:

这个帖子做得成功,主要具有以下三个特点。

(1) 适时更新,能带给网友新鲜信息。此帖不是一次成型,从2007年5月开始写起,至今仍在不断更新中,前后共更新几十次,内容都在主帖中,每次新添加的部分写在主帖的最后。而且每次更新添加新内容时,前面都会加上更新日期,这样他们整个店铺的成长历程能很清晰地被网友所分享。

(2) 通过论坛营销,提高淘宝曝光率。此帖在不同时段既上过淘宝首页,也上过淘宝论坛首页。帖子给店主人带来的淘宝曝光率相当高,很多网友因为这个帖子认识了他们的药妆,有相当一部分网友最终成为他们的药妆用户。

(3) 营造和谐快乐的氛围,给网友带来轻松有趣的阅读体验。店铺女主人辞职IBM工作来做店铺,帖子由男主人来写,帖子中,时时体现着夫妻间的恩爱、和谐,体现着店铺经营的快乐和烦恼。虽然只是店铺成长经历分享,但让人读起来却觉得津津有味。

范例2 可口可乐火炬"病毒式"传递

2008年3月24日,可口可乐公司通过QQ在网络上发起了一个名为"火炬在线传递,可口可乐荣誉呈献"的大型宣传活动,如图5-2所示。活动的具体内容是:网民在争取到火炬在线传递资格后可获得"火炬大使"的称号,本人的QQ头像处也将出现一枚未点亮的图标。如果在10分钟内该网民可以成功邀请其他用户参加活动,图标将被成功点亮,同时将获取"可口可乐火炬在线传递活动"专属QQ皮肤的使用权。而受邀参加活动的好友就可以继续邀请下一个好友进行火炬在线传递,以此类推。截至活动结束,有超过6200多万的QQ用户参与了这一活动。这一活动获得了巨大的传播效应。

图 5-2

解析：

可口可乐本次活动成功的关键因素如下。

(1) 利用当时最热门的奥运事件制造"病毒"。2008年中国最受瞩目的就是北京奥运会，以奥运为主体，容易引发网民的共鸣，与奥运火炬传递同步，也能最大限度地号召网民参与。

(2) 多种媒介资源的选择利用。本次活动，可口可乐与腾讯合作，以QQ为主体进行，同时官网、博客、空间、论坛等多种媒介积极介入，利用SNS传播，造成"病毒式"营销。

(3) 发布"病毒"对象选择准确。QQ在中国，特别是在当时年轻人中拥有庞大的用户群。年轻人对时尚、新潮流反应敏锐，年轻气盛，很容易点燃他们的爱国热情和奥运激情，同时他们也是可口可乐最重要的潜在消费者。

(4) 网民多种情绪的激发和调动。奥运归属感、稀缺资源占有感、好友分享自豪感，调动了网民的参与热情。

六、项目技能训练

1. 点评

试点评本项目中"三、习作文案展示"的赵君拟写的习作文案。

2. 技能训练任务情景

小强喜爱户外运动，他和几个志同道合的朋友经常一起出行。他们或者爬山或者露营，一般都是找不收门票的地方，每次活动也是AA制。几年来，他们主要在四川、云南活动，在这方面积累了丰富的"驴行"资源。最近，他们商议在论坛上注册创立一个驴友俱乐部，每次组织活动参加者都要在论坛上报名，但注册免费，活动也不收取报名费。

1) 任务

为小强推荐几个恰当的论坛，为他们驴友俱乐部代拟推广帖。

2) 要求

(1) 选择几个恰当的论坛，能有针对性地对小强和朋友们的驴友俱乐部进行推广。

(2) 代拟写的论坛帖内容要有创意,标题要有吸引力。

1. 强生 OB 社区营销帖示例

奥运会上的女运动员篇

标题方向:奥运会上的女运动员。
(最后标题将视帖子内容及发布论坛调整)
面向人群:关注奥运人士(偏女性)。
撰帖人角色:热衷于传播奥运明星话题的人士。
主帖类型:八卦帖。
撰帖手法:以奥运会女运动员的出彩竞技,引发关于该运动员的美貌和私密生活的八卦信息,隐形植入产品信息,引发女性关注生活态度的多样化。
内容策划:奥运女运动员竞技以及私密细节观察。
论坛选择方向:八卦类论坛、体育类论坛。
衍生角度:偏情感、偏贴图、偏YY。

2. "贾君鹏你妈妈喊你回家吃饭"

2009 年 7 月 16 日,网友在百度贴吧"魔兽世界吧"发表的一个名为"贾君鹏你妈妈喊你回家吃饭"的帖子,短短五六个小时内被 390617 名网友浏览,引来超过 1.7 万条回复,被网友称为"网络奇迹"。"贾君鹏你妈妈喊你回家吃饭"也迅速成为网络流行语。

"贾君鹏"走红后,经各大网站"宣传",许多不玩魔兽的网友也开始纷纷涌入"魔兽贴吧"围观。

网上某手机店铺,给一款知名品牌手机打出这样的广告语:"贾君鹏,你妈给你买手机了。"网上已经出现有"贾君鹏你妈妈喊你回家吃饭"字样的 T 恤,价格为 35～80 元,还有 100 多件网购产品,都用上了"贾君鹏温情推荐"等词语。

2009 年 8 月,在宁波一家公司附近的献血点,旁边出现了一句相当"雷人"的宣传语:"贾君鹏——你妈妈叫你来献血。"看来网络名人"贾君鹏"越发有号召力了。

贾君鹏事件,既有人认为是"魔兽世界"的一次成功论坛营销,也有人认为是帖子中散发出的亲情、友情呼唤的感召,还有人认为是当代网民内心生活空虚寂寞的表现。

项目六

电子邮件

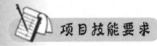
项目技能要求

(1) 了解电子邮件的特点。
(2) 了解普通商务邮件的格式和内容。
(3) 能根据营销目的和对象,确立邮件重点,拟写纯文本格式的电子邮件。

一、情景导入

国际商贸城的张先生经营的是一家成都地方特色礼品店,主要为客户提供成都地方特色礼品,如蜀锦、蜀绣、成都熊猫礼品、成都三星堆礼品、成都金沙遗址礼品、成都三国文化礼品等。为了拓展业务,最近他在淘宝上开了个"张先生特色礼品店",因为网店新开张,张先生决定以实体店的半价来批发、零售商品。收藏店铺或与张先生联系的还可享受5元的直接现金优惠。

为了增加流量,初步打开网店销售市场,张先生想借助赵君的同学群和自己的几个同学、朋友群,通过电子邮件向大家发布自己网店和产品信息。

二、任务及要求

1. 任务

张先生告诉赵君自己的网店网址是:http://zxs.taobao.com。请赵君为自己写一封发给同学、朋友邮箱的电子邮件。

2. 要求

(1) 采用纯文本格式的文档,把内容尽量安排在邮件的正文部分,长度恰好一屏。

(2) 电子邮件标题要有吸引力,能激发同学、朋友点击邮件阅读的兴趣。

(3) 邮件中应有网址链接等联系方式。

三、习作文案展示

赵君接受委托后,经过几天的构思、草写、修改,最后拟写出以下文案。

文案1

邮件主题:2秒钟就能净赚5元!张先生特色礼品店新店开张放狠血啦,快来参与。

亲爱的同窗好友:

我们有一段时间没有联系了,今天我与你分享一个实惠,算是我对你的一点心意哈。

我知道你喜欢收集成都各旅游景区的特色礼品,你快去看看淘宝店铺"张先生特色礼品店"吧。现在新店开张,店铺的商品都是实体店的半价,可以批发也可以零售。最重要的一点是,收藏店铺或者与张先生联系就可享受（点击图片进入店铺,立即领现金优惠券）。

张先生的联系方式:Tel:××××××××。

淘宝网址:http://zxs.taobao.com

实体店地址:成都国际商贸城×区×号

老同学:赵君
××××年××月××日

文案2

邮件主题:选礼品你找对地方了吗?来这里收藏即享5元惊喜!

亲爱的老同学、老朋友:

您好!

好久不见了。您所熟悉的"张先生特色礼品店"现在也在淘宝开店喽!蜀锦、蜀绣、成都熊猫礼品、成都三星堆礼品、成都金沙遗址礼品、成都三国文化礼品,以实体店的半价批发兼零售,收藏店铺或与我联系的还可享受5元的直接现金优惠。欢迎您前来选购哦。

(双面蜀绣　熊猫)　　(小摆件　三国公仔)　　(三星堆青铜像)

我的网店地址：http://zxs.taobao.com　联系电话：××××××××

老同学：张××

××××年××月××日

四、相关知识

1. 电子邮件的含义

电子邮件（E-mail）是建立在计算机网络上的一种通信形式，是随着高科技时代应运而生的一种应用文体。

2. 电子邮件的作用

伴随着计算机的普及，电子邮件成为当今时代人际交流重要的文书样式。它既可用于处理公务，也可用于私人交往，起着沟通信息、交流感情的作用。

3. 电子邮件的特点

（1）电子邮件综合了电话通信和邮政信件的特点，它传送信息的速度和电话一样快，又能像信件一样使收信者在接收端收到文字记录。

（2）电子邮件的价格非常低廉，不管发送到哪里，用户都只需负担电话费和网费即可。

（3）电子邮件的速度非常快，几秒钟之内可以发送到世界上任何你指定的目的地，与世界上任何一个角落的网络用户联系。

（4）电子邮件的形式多样，可以是文字、图像、声音等各种信息。

（5）电子邮件用户可以获得大量免费的新闻、专题邮件，并实现轻松的信息搜索。

4. 电子邮件的营销价值

电子邮件是成本低廉而效果显著的一种营销工具。电子邮件营销的起源可以追溯到1994年4月12日，美国一对从事移民业务的夫妇坎特和西格尔，把一封"绿卡抽奖"的广告信发到他们可以发现的6500个新闻组，在当时引起疯狂的下载与转发。通过邮件发布广告信息，坎特和西格尔只花了不到20美元的上网通信费用，却吸引来了25000个潜在客户，其中有1000个转化为新客户，他们从中赚到了10万美元。

国外一家专门通过电子邮件进行互联网营销的购物网站提供的一份报告显示，平均由电子邮件营销内部名单所产生销售的价值是120.27美元。与此同时，平均每次销售的成本只有6.85美元。这样的投资回报率是加盟店的17.56倍，这意味着平均每次通过电子邮件营销产生的利润是每次销售所投资的广告费用的17.56倍。

所有的客户对于一家公司或品牌都存在一个生命周期。该周期开始于他们成为公司或品牌客户那一刻，活跃期是购买产品或访问网站的时候，然后渐渐淡化乃至忘记该公司或品牌。

而不管是挖掘新客户还是维护老客户，电子邮件都是一种非常有效而可靠的客户沟通方式。因为在客户生命周期的任何一点，你都可以创建正好符合客户需求的邮件。你可以以较低的成本去联系和招徕新客户,也可以在客户完成第一次购买后继续向其推广你的品牌。给老客户发送电子邮件提醒、特别优惠或公司新闻,会给这些客户一个重返你公司或网站的理由。在恰当的时候发送合适的邮件是激活、维持甚至赢回客户的关键。

5. 电子邮件的撰写

1) 电子邮件的结构与内容

电子邮件由邮件头和正文组成。

(1) 邮件头。包括收件人、抄送人地址、主题(标题)、发件人地址和发件时间(计算机自动完成)等内容。

(2) 正文包括三部分内容:

① 信头。第一行顶格写对收信人的称呼。

② 信体。告知事宜,传递信息,分享情绪。

③ 信尾(落款或签名)。写明发邮件人姓名、发邮件日期。

目前,有不少网民时常会因为自己的电子信箱中堆满了无数的无聊的电子邮件,甚至是陌生人的电子邮件而烦心不已。鉴于此,在商务邮件中应该有落款或签名,以示身份。

2) 电子邮件的撰写技巧

(1) 主题(标题)明确。一封电子邮件一般只有一个主题,并且往往需要在前注明。若是将其归纳得当,收件人见到它便对整个电子邮件一目了然了。

撰写主题时,可以先列出自己想表达的内容点,然后通过逐一筛选,找出少数的几个重点,再进一步筛选,找到并保留一个最重要的点,然后以它为中心点展开描述。

(2) 语言流畅。电子邮件要便于阅读,语言要流畅。应避免写生僻字、异体字。引用数据、资料时,则最好标明出处,以便收件人核对。

(3) 内容简洁。电子邮件的内容应当简明扼要,越短越好。

① 开门见山、直接入题,在在线沟通时,一般信件所用的起头语、客套语、祝贺词等都可以省略。

② 内容最好带有图片、图表,可以从视觉上刺激用户,通常用户对接收到的陌生邮件一般不会浏览过长时间。

③ 邮件内容要注意条理性。写邮件时尽量用1、2、3、4等逐条列清楚,每一条讲什么内容,采用递进式展开。

(4) 结构完整。要有"头"有"尾",有称谓有署名,即称呼、正文、结束、落款或签名四部分要尽量完整。保持应用文体格式规范的良好写作习惯。

3) 电子邮件标题写作策略

对于电子邮件,用户可以打开或不打开,不像电视广告是被迫收看的,因此标题往往会决定该电子邮件是否会被打开。

电子邮件标题如此重要,在写作时应讲究写作的策略。

(1) 确保每封电子邮件中的标题包含对消费者实用的内容。比如,你的新产品信息、优惠活动的信息等。如果广告目的是促销或活动,那么标题最好带"免费,大奖"等字眼。如果广告目的是品牌维护或新品推出,那么标题最好突出企业或产品名称,用户尽管可以

不打开邮件,但他看到标题了,邮件也就起到了传达信息的作用。如:

"日语闯关,赢3000元大礼包,还送可爱悠嘻猴。"(樱花日语)

"夺回升职主动权,底薪3000变8000。"(韦博国际英语)

"爱马仕腰带,明星的最爱,一份来自圣诞的惊喜礼物。"(爱马仕官方商城)

"有道词典5.0发布,邀您试用!"(有道词典)

"韩版100%纯棉四件套惊爆价,2折包邮。"(韩版四件套)

(2)标题必须是邮件所谈论的事情,是邮件核心思想的浓缩。如果可能,标题要尽量多地体现以下多种因素:你的目标受众,你的产品或服务,你的销售周期,甚至你销售的地点。对于来往邮件很多的客户,清晰的主题可以让他对邮件内容有初步的了解,节省筛选的时间。如:

"〈尚海汇〉,双12狂欢,全场服饰低于5折狂卖,满120元直减12元,不要后悔买少了!"(尚海汇商城)

"无担保,不差钱!国庆长假,国际大银行帮你实现梦想。"(渣打银行)

"平安限时大礼包:免费计价办理即享加油9折优惠。"(平安保险)

"网易邮箱5.0版大抽奖,100%中奖率,iPad、路由器等十多种好礼等你来拿!"(网易邮箱用户俱乐部)

"￥59的窗帘?没错!快来发现更多会员特惠惊喜吧!"(宜家俱乐部)

(3)推荐标题。如果你在通过推荐寻找潜在客户,但是收到你的电子邮件的人并不知道你是谁,这种情况下在得到推荐人许可后,可以在给这位潜在客户的电子邮件中提及推荐人的名字。如:

郭华给了你一位潜在客户和决策者的名字与电子邮件地址,在得到郭华的许可情况下,你发送给这位潜在客户的电子邮件的标题中,可以写"郭华建议我联系您。"这一特殊的策略将一封冷冰冰的电子邮件变成更温暖、更吸引人的电子邮件。

Facebook COO 桑德伯格曾引用数据说,对于好友发来的产品推荐,人们购买的可能性比别的渠道的推荐要高出400%,同时好友推荐的产品认同度高出68%,产品信息记忆高出200%。

(4)写一个只包含他们的行业名称或其职业名称或提及其产品或服务的标题。如:

"专业为你推荐高端职位——猎聘网。"(猎聘网)

"VIPABC,你能带在身边的口语课堂!"(VIPABC)

(5)邮件主题突出重点又有针对性。如:

"《经济研究导刊》征稿。"

"新加坡伊顿教育集团招聘幼教10名,SP签证。"

"翻译工具使用情况有奖调研。"(网易有道词典运营部)

"欧美豪车血统,克莱斯勒300C试驾招募。"(克莱斯勒)

6. 电子邮件使用注意事项

1)避免滥用

在信息社会中,任何人的时间都是无比珍贵的。在社会交往中要尊重一个人,首先就要懂得替他节省时间。

那些用户不感兴趣的、未经用户允许又不可退订的邮件,只是网民眼中不堪其烦的垃圾邮件,因此会被不喜欢和拒绝。鉴于此,若无必要,轻易不要向他人乱发电子邮件。

2) 注意礼节

一般而言,收到他人的重要电子邮件后,应即刻回信,既回复对方所提事宜,又是一种礼节。

如果碰到比较复杂的问题,要一段时间才能准确答复客户,也要简单回复一下,说明情况。实在没有时间回复,可以采用自动回复的方式。

3) 注意编码

由于中文文字自身的特点加上一些其他的原因,我国内地、台湾地区、港澳地区,以及侨居国外的华人,目前使用着互不相同的中文编码系统。因此,当用中国内地的编码系统向生活在中国内地之外的国家和地区的中国人发出电子邮件时,由于双方所采用的中文编码系统有所不同,对方便很有可能只会收到一封由乱字符所组成的"天书"。因此,必须同时用英文注明自己所使用的中文编码系统,以保证对方可以准确收到自己的邮件。

4) 慎选功能

现在市场上所提供的电子邮件软件,可有多种字体选用,甚至还有各种信纸可供使用者选择。这固然可以强化电子邮件的个人特色,但是此类功能商界人士是要慎用的。

这主要是因为,一方面,对电子邮件修饰过多,难免会使其容量增大,收发时间延长,既浪费时间又浪费金钱,而且往往会给人以华而不实之感。另一方面,电子邮件的收件人所拥有的软件不一定能够支持上述功能。这样一来,他所收到的那个电子邮件就很有可能会大大地背离发件人的初衷,因而前功尽弃。

5) 尊重隐私权

征得客户首肯前,不得转发或出售发信人名单与客户背景。

6) 邮件版面整洁

字体、文字大小、色彩统一,切忌全篇文字都是大写或全部小写,给买家以不专业的形象。对一些需要特别提醒客户注意的地方,可以用大写、加粗、特殊颜色等突出显示。

7) 落款

落款应包括公司名称、网址等详细信息,方便买家了解更多信息。

五、范例欣赏与解析

范例1

邮件标题:"7天,给你另一个安心的家!"

发件人:7天连锁酒店集团。

邮件正文:如图6-1所示。

解析:

这封电子邮件有以下特点。

(1) 邮件的促销包括优惠的时间、内容、方法,信息一目了然。

图 6-1

(2)页面以图片为主,并针对消费者消费心理,对利益点进行了针对性的设计,吸引用户的目光。

(3)页面详细列出了注册的几种方式,对消费者来说非常方便、实用。

单从整体邮件所具备的以上三个特点不难看出,这封邮件完全是站在用户的角度进行设计的,潜在客户如需住宿酒店,那么客户极有可能会立即产生注册行为。

范例2

邮件标题:"我是××公司的×××,就×××的合作事宜与贵公司联系过,解决方案敬请查阅。"

邮件正文:

"您好!

我是××公司的×××,经过最近一段时间的沟通,对贵公司关于×××方面的需求有了一定的了解,初步制订出一套简单的解决方案,供参考、讨论之用。另外,附上我公司介绍,供贵公司领导了解、参考之用。真诚期望我们的合作愉快并且成功!我的手机将为您24小时开机,您遇到问题时请随时联系我。"

解析:

这封邮件属于广告,但是它的标题和内容构思都比较巧妙。

首先,标题直截了当地说明了发件人和发件事宜,邮件接收者即使不点击阅读,信息也得到了传播,也实现了部分营销的目的。

其次,正文"经过最近一段时间的沟通,对贵公司关于×××方面的需求有了一定的了解等",给人之前双方曾经谈过的感觉,就算接受者没印象,也不敢随便下定论。同时,会促使潜在客户与其做进一步的交流和沟通。

六、项目技能训练

1. 点评

试点评本项目中"三、习作文案展示"的赵君拟写的习作文案。

2. 技能训练任务情景

在国际商贸城市场1区,高女士经营着一家"雅居"布艺店,主营家居装饰品。如沙发套、沙发垫、沙发巾、窗帘布、桌布、壁布、床上用品、抱枕等。风格或清新自然,或典雅华丽,或温馨浪漫。在秋冬换季之时,她新进了一批超柔加厚4件套全棉床上用品,作为这一季营销主打产品。为了促销,还将推出3折起低折扣,两套包邮的优惠措施。

1)任务

代高女士拟写一封面向潜在消费者的产品促销电子邮件。

2)要求

(1)电子邮件格式参考普通商务信件的格式,包括对收件人的称呼、邮件正文、发件人签名等要素。

(2)采用图文结合方式传达主推产品或活动信息,电子邮件既美观又能激发浏览者的购买欲。

(3)电子邮件标题能吸引用户眼球,能激发人们点击邮件阅读的兴趣。

(4)电子邮件中应有店址等联系方式。

知识延伸

(1)艾瑞咨询《2011—2012年中国个人电子邮箱用户行为研究报告》显示,资深互联网网民才是中国个人电子邮箱的主流用户群,其中网龄在5年以上的电子邮箱用户占比超过8成,超过10年的占比53.4%。从年龄上看,18岁以上个人电子邮箱用户高达91.4%,18岁以下的使用者仅为8.6%。

相对于即时通信工具而言,电子邮件属于延时通信,在交流中处于弱势。而更关键的问题是,随着社交网络的兴起,人们在使用互联网时,更多的是人与人互动,社会化特征正好迎合了年青一代通过媒体张扬个性的需要。年轻网民在社交网络上晒他们的生活,吸引别人的关注,获得精神上的满足。而在电子邮箱里,却看不到人的踪影了,得到的只是一长串信息,毫无"亲密"可言。

"从互联网的发展过程来看,电子邮件扮演了非常重要的角色。"飞象网CEO项立刚告诉《IT时报》记者,"作为传输信息的一种手段,面对新的互动式、开放式的IM工具,电子邮件的优势正在一步步被蚕食,但是,它也有自己的特色,在记录的保存和正式文件的传输方面,起到良好的作用。"项立刚特别提道,邮件地址和通信协议作为一种规范标准,已得到全世界的认可,电子邮件不仅是一种交流工具,也是一种电子身份证明,可以通过电子邮箱找回各种失去的账号和密码。而作为电子身份证的E-mail,仍然有很大的创新空间。

(摘自:福步外贸论坛(FOB Business Forum)>美无处不在>关于电子邮件)

(2)由于中国互联网的发展历史相对较短,而且中国互联网处于发展起步阶段,所以当前阶段中国互联网应用以休闲娱乐为主。在大众网民心中,电子邮件是一种偏正式的、略烦琐的信息沟通方式,每封邮件既要输入对方的邮件地址,又要写邮件主题,然后才开始写邮件内容；而即时通信则是较休闲随意的沟通方式。因此，即时通信这种符合互联网时代特征的应用必然会发展势头良好。但是，从世界互联网发达国家的发展历程看，电子邮件应用不但不会衰退，而且还会非常兴盛。

艾瑞咨询根据美国 eMarketer 发布的美国网民形态数据发现：北美成年网民工作时最感兴趣的交流信息方式为电子邮件，比例达到 67.0%。艾瑞咨询认为，网络办公的专业化趋势日益明显，网民通常使用更为专业化的电子邮件进行商务交流活动。这也促使更多商家通过电子邮件直投的方式进行网络营销。

美国和韩国对电子邮件的使用率要远高于中国，但其对即时通信软件的使用率却远低于中国。中国网民对休闲类的即时通信软件的使用呈现明显的中国特色。但这一特色会随着中国互联网的进一步发展而变弱，中国网民的互联网娱乐倾向也会变弱，而其他与传统产业、传统服务业相关的互联网应用将得到加深加强，这也正是中国互联网走向成熟阶段的标志。具体到互联网信息沟通方式，预计未来几年内，在中国即时通信软件的使用率将会维持在一较高水平，而对电子邮件的使用将会略有回升。

（资料来源：草根网，文字有删改）

项目七

企业简介

 项目技能要求

(1) 了解企业简介的特点及分类。
(2) 掌握企业简介的结构和写法。
(3) 能根据企业特点拟写完善的企业简介。

一、情景导入

蜀中酒业商贸有限公司成立于 2006 年,注册资本 100 万元。公司主营贵州茅台酒系列,五粮液酒系列,国窖 1573 系列,郎酒系列,各种定制酒、专用酒系列。

公司的服务宗旨是"遵纪守法、诚实守信",经营理念是"专业、诚信、开拓创新"。几年来,公司通过严格的质量控制体系及完善的售后服务,取得了长足的发展。公司新近合并了一家公司,扩大了规模,还制定了"组织系统化、决策科学化、管理规范化、工作程序化、效率标准化"的集团化发展目标。

现在公司准备在地方年鉴上留名。

二、任务及要求

1. 任务

为蜀中酒业商贸有限公司撰写一份公司简介。

2. 要求

（1）重点突出，层次分明，结构完整。

（2）表达上可夹叙夹议。

（3）语言通俗、简明、流畅。

三、习作文案展示

赵君接到任务后，立即着手查阅资料、草拟文案。经过反复修改，一周后他提交了如下文案。

文案1　蜀中酒业商贸有限公司简介

1. 公司概况

蜀中酒业商贸有限公司成立于2006年，地处素有"天府之国"之称的川西平原，注册资本100万元。

2. 公司发展概况

多年来，公司通过严格的质量控制体系及完善的售后服务，取得了长足的发展，销售网络遍布全国，业绩稳步增长。

公司新近合并了一家公司，扩大了规模，制定了"组织系统化、决策科学化、管理规范化、工作程序化、效率标准化"的集团化发展目标。

近年来，公司先后被政府各级职能部门授予"守信用企业""消费者信得过单位"等荣誉称号，是一家极具活力与前景的民营企业。

3. 企业文化

公司服务宗旨：遵纪守法、诚实守信。

公司经营理念：专业、诚信、开拓创新。

4. 公司主要产品

公司主营贵州茅台酒系列，五粮液酒系列，国窖1573系列，郎酒系列，各种定制酒、专用酒系列。

5. 售后服务

公司每月都会从购买客户中抽取五分之一进行电话回访，收集顾客反馈的消息，以便及时、全方位、热忱地为客户服务。

产品咨询电话：028—××××××××。

售后服务及产品真伪查询：400—××××—××××。

文案2　蜀中酒业商贸有限公司简介

文案2如图7-1所示。

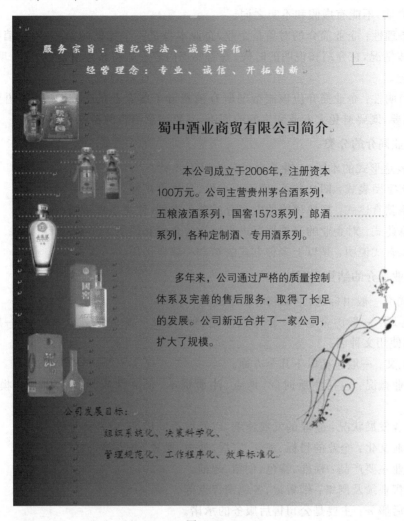

图　7-1

四、相关知识

1. 企业简介的含义

企业简介就是对企业自身情况系统而简单的介绍，它是以树立企业形象为主要目的的自我介绍性文书。

2. 企业简介的特点

作为树立企业品牌形象，直接为企业生产、销售服务的实用性文书，企业简介主要有以下特点。

(1) 真实性：企业简介是通过文字的描述将企业及其产品立体地展现出来，以塑造企业形象、打造产品品牌，增强消费者对企业的信任度，所以要本着实事求是的原则，内容力求客观真实，不能有虚假和不实之词。

(2) 条理性：企业简介的对象是企业，企业本身是一个完整的系统，要让消费者了解企业的整体情况，在介绍和说明的时候，就需要把内容安排得条理清楚，次序分明，让消费者易懂好记。

(3) 简明性：企业简介应该能帮助所有消费者了解企业的信息，所以用语要通俗易懂，简明扼要，既要避免太专业和生僻的词语，又要注意语言的精练和准确性。

3. 企业简介的分类

根据表达形式的不同，企业简介可分为以下几类。

(1) 文字图表式：图文并茂，增强生动性、具体直观性。
(2) 条款直述式：把要说明的内容分成若干类别，使之条理清晰、醒目。
(3) 概述式：对企业的有关情况进行概括的介绍和说明。
(4) 综合式说明：是以上多种方式的结合和综合运用。

4. 企业简介的结构和写法

企业简介一般由标题、正文和落款组成。

(1) 标题：一般由企业名＋公司简介（文种）构成。在企业网站主页中，一般省去公司名，直接使用文种名。

(2) 正文：一般包括以下几个方面。

① 企业概况：包括注册时间、地点、注册资本、企业性质、技术力量、规模、员工素质等。
② 企业发展状况：企业的发展速度，以及取得的成绩、荣誉称号等。
③ 企业文化：企业的目标、理念、宗旨、使命、愿景、寄语等。
④ 企业主要产品：性能、特色、创新、超前。
⑤ 销售业绩及网络：销售量、各地销售点等。
⑥ 售后服务：主要是公司售后服务的承诺。

(3) 落款：一般情况下，公司简介可以省去落款，不署公司名和时间。但是，如果不是在企业网站首页，标题又只有"公司简介"这样的文种名，落款就应署上公司全称。

5. 企业简介的写作要求

1) 内容真实客观

虽然企业简介在一定程度上起到了广告的作用，但是在"用户至上、诚信为本"的商品经济时代，任何宣传、推广的文字都应该是客观真实的，这样才有利于企业的长期形象和长远利益。虚假夸大的不实之词，或许可以换来消费者一时的信赖，最终却只能损害企业的形象和利益。

2) 要突出重点和特点

企业简介重点要突出企业的个性和过人之处，如商标形象、法定代表人形象、企业环境形象、产品形象、生产现场形象、企业员工活动场面形象等。

3) 企业简介要有创意

应当借鉴广告创意的原理和方法,进行形象创意、理念创意、语汇创意等。撰写企业简介内容时,如果为了省事方便,在网上找其他企业的简介内容直接复制、粘贴,进行小修小改后作为本公司的简介,就会因为无法突出企业自身的优势、亮点,而无法给消费者留下深刻的印象。

4) 内容条理清晰

企业简介写作一般是理念在前,机构在后;产品在前,业绩在后;荣誉在前,文化在后。

5) 表达手法运用恰当

要考虑消费者的可理解性,了解目标消费人群的认知行为习惯与文化特征,根据情况的需要,使用图片、图表、文字等多种形式。

五、范例欣赏与解析

范例1 新希望集团有限公司简介

新希望集团有限公司创始于1982年,由著名民营企业家刘永好先生发起创立,是伴随中国改革开放进步和成长的民企先锋。在30余年的发展中,新希望集团有限公司连续14年位列中国企业500强前列,创造了巨大的社会价值与商业价值。

新希望集团有限公司在全球30多个国家和地区拥有分、子公司超过600家,员工近7万人,年销售收入近800亿元人民币。在发展中,新希望集团有限公司基于自身资源和优势,不断开拓新的产业领域,从饲料生产,跨入农业科技、食品加工、渠道终端、设施建设、金融服务等多个领域。目前,新希望集团有限公司已逐步成为以现代农业与食品产业为主导,并持续关注、投资、运营具有创新能力和成长性的新兴行业的综合性企业集团。

目前,集团资产规模达750亿元,并且保持着稳健的财务结构。集团旗下拥有银行、证券、互联网金融和基金等多种金融业态布局。作为多个资金市场的参与者,集团主体信用等级由中诚信国际信用评级有限公司评定为AAA信用等级。

新希望集团有限公司早在1997年便开始海外业务探索,并于1999年在越南建成第一家海外工厂。目前,集团在海外近20个国家和地区投产、建设、筹建、投资的工厂达40余家。新希望集团有限公司不断创新海外发展方式,在大洋洲、欧洲和北美洲等地区持续加大投资力度。在十余年国际化发展的探索道路中,新希望集团有限公司以开放共赢的心态与包括日本三井物产、美国嘉吉公司、世界银行国际金融公司等在内的国际知名企业和机构建立了持续稳固的合作关系,通过构建价值联盟实现了全球优质资源的整合。

历经30余年的发展,新希望集团有限公司在今天依旧保持强劲的发展势头,在国家"一带一路"战略以及"互联网+"新思维的引导下,集团将年轻化、国际化、互联网化和产业金融一体化作为新时期发展的引擎。

解析：

这是一份信息量极大，而语言又特别简洁的企业简介。

它首先介绍了企业名称、成立时间、创始人、企业性质、企业规模、经营范围等企业概况，然后介绍了企业资产规模及信用等级等财务情况，接着以详实的例子具体介绍了企业海外投资、发展情况，最后以企业发展愿景结尾。

这则企业简介在对企业进行几乎全方位的介绍时，既为欲进入本企业的大学生了解企业情况提供了清楚的信息，也为企业做了有效的宣传。

（资料来源：应届毕业生网＞校园招聘＞新希望集团有限公司＞走进新希望集团）

范例2　成都地铁有限责任公司

成都地铁有限责任公司成立于2004年10月，是从事成都轨道投资、建设、运营、开发的国有独资企业，注册资本54.994亿元人民币，设有11个部门和2个全资子公司。

1. 经营宗旨

科学和高质量地组织规划、建设、运营轨道交通；一业为主、多种经营，努力发展成为集地铁、城市轨道交通和综合开发为一体的多功能、多元化的综合经济实体，为社会提供优质的服务与创造良好的经济效益和社会效益，为促进成都市交通运输事业的发展和社会经济繁荣与进步做出贡献。

2. 经营范围

地铁及城市（城际）轨道交通系统项目的投资、筹划、建设、运营管理、设计、监理；系统及设备、材料的采购、监造、租赁、经销；基础设施、公共设施项目的工程建设管理、招标及技术服务；地铁及城市轨道交通系统沿线（站）及相关地区、地下空间资源的开发及管理；利用地铁及城市（城际）轨道交通资源的经营项目和策划、开发、经营管理。

近几年来，公司围绕地铁项目的申报筹备，开展了大量积极而卓有成效的工作，先后组织完成了《成都市城市快速轨道交通建设规划》《成都市城市轨道交通线网规划》《成都市地铁1号线一期工程可行性研究报告》《成都市地铁一期工程试验段初步设计》以及相关专题研究报告。……

伴随着地铁建设的进展，成都地铁有限责任公司不断探索现代化企业的发展之路。公司结合自身情况，进一步完善组织机构和公司制度，用现代企业的管理方法，建设现代化的企业，为公司持续、健康发展创造了有利条件。

3. 服务理念

在未来的发展中，公司将坚持以人为本，科学地建造和经营地铁为己任，建立科学的管理模式和高效的运作机制，精诚团结、求实创新、追求卓越，为公众提供优质的服务，创造良好的经济效益和社会效益，为促进成都市的经济发展和社会繁荣做出更大的贡献。

解析：

这篇企业简介条理清晰、层次分明、重点突出。

全文先总后分,先介绍企业概况,然后分别从经营宗旨、经营范围、服务理念三个方面,对公司进行介绍。三个方面又不是平均用墨,而是以经营范围为重点,列举大量实例来说明企业近几年所取得的成绩,最后以公司的愿景结束,在读者心目中树立了良好的企业印象。

(资料来源:Baidu百科:成都地铁有限责任公司,有删节)

六、项目技能训练

1. 点评

试点评本项目中"三、习作文案展示"的赵君的习作文案。

2. 技能训练任务情景

成都太阳鸟网络科技有限公司初创于2011年,注册资本300万元,位于城南科技园,是一家致力于提供传统互联网和移动互联网基础服务与应用服务的规模性企业。

公司的宗旨:做最优秀的移动互联网应用服务商,做最专业的企业信息化顾问,为企业提供客户端、微信等移动营销应用服务以及域名申请、网站建设等传统互联网服务。优秀的专业人才团队是公司最核心的资源,公司90%以上的员工具备大专以上学历。公司成立以来一直在稳步发展。2014年,公司获得了"成都科技园新锐企业十强"的荣誉称号。

1) 任务

根据公司今年的发展规划,公司将到学校进行校园招聘。请拟写一份企业简介。

2) 要求

(1) 树立公司新锐企业的形象,吸引优秀的专业人才应聘。

(2) 重点突出、层次分明、结构完整。

(3) 排版美观大方,语言通俗、简明、流畅。

PPT 模 板

PPT全称为Powerpoint,是Microsoft Office软件中的一部分,模板是PPT的骨架性组成部分。传统上的PPT模板包括封面、内页两张背景,供添加PPT内容。近年来,国内外的专业PPT设计公司对PPT模板进行了提升和发展,开发出封面、目录、内页、封底、片尾动画等页面,使PPT文稿更美观、清晰、动人。同时新的PPT版本,更是加载了很多设计模块,方便使用者快速地进行PPT的制作,极大地提高了效率,节约了时间。

公司简介PPT模板是一种常用办公模板,网上有大量模板可供网民免费下载,如

图 7-2~图 7-4 所示。

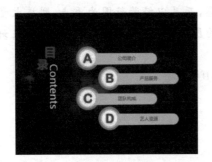

图 7-2

图 7-3

图 7-4

项目八

产品描述与产品说明书

 项目技能要求

(1) 了解产品描述、产品说明书的特点及分类。
(2) 掌握产品描述、产品说明书的结构和写法。
(3) 能根据产品特点进行产品描述、编写产品说明书。

一、情景导入

国际商贸城中的尚潮公司主营皮草类服装,是一家以批发为主要销售手段,以实体店与网店为销售平台的服装代理公司。主营产品有羊皮服装、牛皮服装、兔皮服装、貂皮服装、裘皮服装等。男女款式齐全。

在"第×届成都皮衣皮草节·冬靴节"(以下简称皮草节)前,公司进了一批新款高档貂皮、裘皮等皮草类服装,积极备战皮草节。

二、任务及要求

1. 任务

为在皮草节期间展开促销活动,为尚潮公司编写产品描述及产品说明书。

2. 要求

1) 产品描述

(1) 产品描述是产品本身特性的延伸性描写,如颜色、款式、产品成分等。

(2)产品描述应做整体煽情性描述(散文类的修饰性较强的介绍,针对产品特质,如奢华、尊贵、奢侈品等)。

(3)产品描述应是主观性描述,即站在编者自己的角度进行描写。

2)产品说明书

(1)产品说明书内容应包括产品概况、性能、特点、使用方法及产品的保养与维修等。

(2)产品说明书内容真实、条理清晰、结构完整。

三、习作文案展示

赵君接到任务后,立即着手查阅资料、草拟文案。经过反复修改,一周后他提交了如下文案。

文案1 产品描述

产品如图8-1所示。

图 8-1

保暖狐狸毛领:选用优质狐狸毛,大气奢华,柔顺光滑。

完美的修身腰部线条:修身显瘦,时尚靓丽。

羊皮中长款板型,更适合多种体态的您。

文案2 产品描述

产品如图8-2所示。

V形超大獭兔毛领,一点优雅,一点时尚,一点气质。

V形设计,秀出脖颈间的无限风光,也可以自由搭配饰物。

绵羊皮高腰短款,摆脱皮草本身的臃肿,简约时尚,滑落出一个曼妙身段。

项目八　产品描述与产品说明书　91

图 8-2

文案 3　产品描述

产品如图 8-3 所示。

图 8-3

此款貂皮为天鹅绒母貂,专为年轻人设计。浅浅的紫罗兰搭配青春的活泼、俏皮,衬托白皙的肤色,凸显小女人的浪漫情怀,甜美如待放的花朵,清新、雅致与平和。尤其适合内涵丰富、格调突出的您。在冬季的沉闷之中,是最有品位的选择。

文案 4　产品说明书

产品如图 8-4 所示。

1. 产品信息

上市:2016 年冬季
品名:真皮连衣帽款
颜色:米色、浅灰色

图 8-4

面料：绵羊皮

里料：聚酯纤维53％，粘胶纤维47％

填充物：聚酯纤维100％

配饰：獭兔毛领

执行标准：QB/T 1615—2014　GB 20400—2014

安全识别：GB 18401—2003　C类非直接接触皮肤的产品

2. 洗涤说明

　　不可水洗　　　不可氯漂　　在阴凉处悬挂晾干　　不可熨烫　　　低温干洗

为保护您所购买的服装，请遵照以上说明洗涤。

3. 维护保养

（1）尽量别弄湿您的宝贝，如果宝贝被淋湿，请抖落毛上的水珠，然后将其挂在通风良好的房间内。请勿将其置于过热的地方，如暖气旁，因为这将使皮草的毛面和皮面干裂。在皮草风干后，再次抖动它。如果皮草被完全浸湿，把它送到专业店里确保它得到正确的养护。

（2）请避免将宝贝直接在阳光下暴晒或将其挂在过于明亮的地方，因为，光线可以使皮草氧化或改变颜色。应该尽量把它存放在黑暗和低温的环境。

（3）悬挂放置，以防宝贝整体及毛面变形。

（4）请勿向皮草上喷任何化学制剂，包括香水、发胶等。

4. 温馨提示

我们提供终身售后服务。我们可以帮您维修。

欢迎公司、客户来函来电订购产品。

尚潮公司
地址：成都国际商贸城×区×号
QQ：××××××××
Tel：028-××××××××

文案5　产品说明书

产品如图8-5所示。

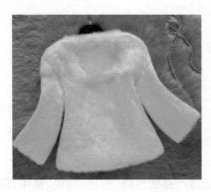

图 8-5

兔毛皮草外套说明书

1. 品牌：××××
2. 材质：兔毛皮
3. 技术：穿刀
4. 颜色：米白、粉红、宝蓝、驼色、大红
5. 尺寸：S～XXL
6. 性能

(1) 经典圆领，高端大气，展现迷人锁骨，更显女人味。

(2) 简约的袖口设计，干净利落，摆脱冬天的束缚。

(3) 侧边隐形口袋，简洁，整体美观大方，不失韵味。

(4) 衣服光泽油亮，底色优美，绒毛根青灰色，绒足针密。

7. 商品指数

(1) 弹力：无弹力。

(2) 厚度：适中。

(3) 板型：适中。

(4) 长度：短。

8. 适用人群：25～30岁的女性

9. 储存与保养

(1) 保存皮草首先要注意防潮，尽量避免雨雪天穿着。一旦受潮，不能用电吹风吹，也不能用熨斗熨，更不能在阳光下暴晒，正确做法是挂在阴凉通风处自然晾干。

（2）穿着皮草时，要注意不能接触盐、碱、酸、油，特别是染发水、香水等。

（3）收藏皮草时，不能折、叠、压，不能经常与其他物体蹭磨，以防掉毛。收藏前应在阴凉通风处晾干，然后选用宽松衣架与衣罩挂在衣柜中保存。

10. 厂家名称：×××服饰有限公司
11. 厂家地址：上海××××××××××
12. 代理公司名称：尚潮公司
13. 代理公司地址：成都国际商贸城×区×号
14. 代理公司电话：028-××××××××
15. 代理公司邮编：610000
16. 代理公司网址：××××××××××××

四、相关知识

1. 产品说明书的含义

产品说明书也称用户手册，是全面、详尽地将产品的性能、构造、功能、使用、保养方法等进行说明或介绍的文字材料。它是一种指导用户选择产品、使用产品的文书。

2. 产品说明书的特点

1）真实客观，有指导消费的实用性

产品说明书是通过文字的描述将产品立体地展现出来，以打造产品品牌，帮助消费者正确使用、保养产品，有效地发挥产品的使用价值，具有指导消费的实用性。

产品说明书真实客观，是因为产品说明书不仅有指导消费的作用，还有其法律上的意义。首先，产品说明书也是厂家、商家对消费者的一种承诺，是厂家、商家以产品说明书的形式向消费者约定该产品应有的质量、性能等。所以，产品与此约定内容如果不一致，消费者有权要求降价、退货、赔偿损失等。其次，消费者如果未按产品说明书使用，因使用不当造成的损失，责任一般由消费者自负。

2）条理清晰，内容各有侧重

产品说明书涵盖多方面的知识和要求，尤其在产品说明书内容比较多、篇幅比较长的时候，要让消费者了解产品的整体情况，正确使用产品、保养产品，在介绍和说明的时候，就需要把内容安排得条理清晰，层次分明。

产品不同，需要说明的内容也不同。用法比较复杂的产品，产品说明书侧重于说明使用方法；应注意保养的产品，产品说明书侧重于保养和维护方法介绍；易碎、易损产品，产品说明书侧重于如何避免意外情况的发生；易变质的产品，产品说明书侧重于介绍如何存放。总之，产品千差万别，产品说明书内容各有侧重。

3）通俗易懂，可读性好

产品说明书应该能帮助消费者了解产品的信息，正确使用产品，所以用语一般通俗易懂，可读性好。应避免太专业和生僻的词语给消费者带来理解与使用上的困惑。

4) 为目标用户着想,体现人文关怀

如果用户对产品了解不够,使用不当,就有可能发生危害用户生命财产安全的事故,因此,产品说明书总是要考虑目标用户的可理解性,根据目标用户的认知行为习惯与文化特征,去说清楚产品的功能、使用方法、禁忌等。即使是看似客观冷静的描述,实际上也往往体现出人文情感的关怀,具有情感化特征。

3. 产品说明书的分类

1) 从使用的角度,产品说明书可分为以下几类

(1) 生产劳动技术说明书。如工程设计说明书、机械装配说明书、生产技术说明书、产品使用和保管说明书。

(2) 日常生活说明书。如书刊介绍、剧情简介、商品说明书。

2) 从产品包装的角度,产品说明书可分为以下几类

(1) 外包装式说明书。如许多食品和饮料的文字说明,就是直接印在其外包装上的。

(2) 内装式(插页式)说明书。如许多产品的包装盒或袋里附带一页纸,纸上印着有关产品的信息。

(3) 标签式说明书。如成衣上的标签,上面标有衣物名称、面料成分、尺码、颜色和洗涤说明等。

3) 从写作的形式上,产品说明书可分为以下几类

(1) 条文式说明书。这是详细介绍商品的说明书的写法。它把内容分成若干类别,然后按一定的顺序逐项书写。常用的家用电器说明书多采用这种方式。优点是条理清晰、醒目。

(2) 对话式说明书。把要说明的内容归纳成问题,以自问自答的方式说明问题的解决方法,用户使用产品遇到问题时就能很快找到答案。优点是针对性强。

(3) 图文式说明书。既有详尽的文字说明,又配上插图或表格,使抽象说明变得具体直观。这种产品说明书往往印成小册子作为商品附件。优点是直观、形象。

(4) 综合式说明书。是以上多种方式的结合和综合运用。

4) 从内容的角度,产品说明书可分为以下几类

(1) 简要产品说明书。一般多用于民用商品、医药。

(2) 详细产品说明书。这类说明书往往技术性很强,比如,涉及机械安装和操作原理,需要详尽介绍产品复杂的构造和技术。

4. 产品说明书的结构和写法

产品说明书一般由封面、标题、目录、正文和附文(标记)组成。

(1) 封面:一般包括厂名、商标、型号、规格、照片。

(2) 标题:常见的有三种,一是直接以文种"说明书"或"使用指南"做标题;二是直接以商品名做标题;三是商品名加文种。

(3) 目录:如果篇幅较长、装订成册的,为了方便读者翻阅,就需要编写目录。如果产品说明书比较简短,则不需要编写目录。

(4) 正文:一般包括产品的构造、性能、适用范围、技术参数、安装、使用方法、注意事

项等。

(5) 附文(标记)：如厂家地址、电话、邮编、网址、代号或批准文号等。

5. 产品说明书的写作要求

与产品说明书的特点相适应，产品说明书在写作时应注意以下事项。

1) 实事求是地描述产品的核心功能或典型使用情景，方便消费者和保障使用安全

产品说明书应立足于消费者一方，从方便消费者和保障使用安全等方面着想，尽可能考虑一些在使用过程中可能发生的问题，实事求是地描述产品的核心功能或典型使用情景。如果所要说明的产品价值比较昂贵、危害性比较大，或者比较容易损坏等，就要对产品的核心功能或典型使用情景加以详尽地描述，甚至附加有说明的图画、照片等，使消费者一看便清楚。

新华网曾报道这样一件事：安徽省歙县一农机公司，销售一款榨油机，因为产品说明书夸大该机器出油率高、电耗低，消费者买后发现和产品说明书所称存在差距，在与销售方联系并且调试后依然没有达到预期效果后，将该农机公司告上法庭。法院审理后判农机公司返还消费者全部购机款并做了经济赔偿。

2) 了解消费者，考虑目标消费者的可理解性，在适应目标消费者的认知行为习惯与文化特征基础上，突出产品重点和关键

写作产品的使用说明，要明确产品的消费者是谁，他们的年龄、喜好等情况，甚至要研究他们喜欢什么样的语气，他们的理解能力怎么样，爱看什么类型的读物等，在适应他们的认知行为习惯与文化特征基础上，抓住产品本身具有的特点和与同类产品的不同点，突出产品重点和关键。

挂衣柜、组合柜等需要安装、开启的产品，应将关键环节的操作方法用通俗易懂的语言讲清楚，以方便消费者使用。药品、电器等与使用者的健康、安全密切相关的产品，一定要把禁忌、注意事项等重点突出，并力求详细、准确、明白。

又如小米的发烧友们，他们追逐极限，超级喜爱技术，各种技术关键词对他们非常重要，产品说明书和描述就要充满各种前卫的技术与理念的词语。

3) 条理清晰、用词准确又通俗易懂

产品说明书要条理清晰，写作时往往以标题文字为核心，以内容解释文字为展开基础，以渐进式的文字设计引导消费者认知产品的特点和使用方法；同时要用词准确又通俗易懂，因为用词不当或用语太专业、生僻，轻则语义含混而影响表达效果，重则可能使消费者理解错误，甚至导致严重后果。

如某小孩半夜发烧，需要吃退烧药，家长匆匆忙忙跑到药店买来了退烧药，却因为药品说明书只指明每片含有效成分 0.125g，人体每千克服 30～50mg，不清楚到底该给小孩吃多少，不得不再次跑到药店去询问。

曾有新闻报道，一个专门催猪生长的饲料，其产品说明书上本应为"切忌烫煮"，结果变成了"切记烫煮"。一字之差，众多猪的嘴巴被烫出了大泡、破皮。养殖户在消协据理力争，索回了 800 元钱的赔偿款。

4) 充满人文关怀，激发情感共鸣

使用价值是产品与生俱来的属性，人们购买产品，是因为产品能满足人们的某种需

要。但是,随着生活水平的提高,人们对产品的要求提高了:一种产品人们不仅要求它的使用价值,还要求它的附加值,如情感价值、美学价值、个性化价值等。因此,对于产品的价值和功能,应该用充满情感的文字来描述和说明,以期激发消费者的审美情感、记忆、期望,使之与生产者、销售者产生情感共鸣。

比如,超级市场的购物车架上加隔栏,有小孩的购物者在购物时可以将小孩放在里面,从而使购物更方便和轻松。婴儿用的座椅和小学生做功课用的椅子的颜色丰富一点,是适合他们的心理和成长需要。

5)食品要标明出厂日期和保质期,保健品不能当作药品来宣传

食品不标明出厂日期或保质期,顾客会因怀疑其过期而不予购买。

《中华人民共和国药品管理法》第三十七条规定:"药品包装必须按照规定贴有标签或附有说明书。标签或说明书必须注有药品的品名、规格、生产企业、批准文号、产品批号、主要成分、适应证、用法、用量、禁忌、不良反应和注意事项。"2015年4月在京召开的十二届全国人大常委会第十四次会议审议广告法修订草案,建议将保健食品广告准则单列一条,并增加规定,保健食品广告不得涉及疾病预防、治疗功能,不得声称或者暗示广告商品为保障健康所必需,并应当显著标明"本品不能代替药物"。

6. 产品描述

1)产品描述的含义

产品描述就是运用各种手法,描述产品的材料、功能、产地、售后服务等信息,对产品进行形象化的阐述。

2)产品描述的作用

产品描述是商家让消费者了解产品的功能以及细节,吸引消费者关注产品,让消费者对产品产生兴趣并且产生购买欲望的重要环节。

与产品说明书以客观说明为主,语言准确、精练相比,产品描述以叙述、描写为主,追求对产品生动形象的展示,有时甚至带上明显的主观色彩。好的产品描述,能唤起消费者对产品的丰富想象和情感共鸣,对于产品的推广有极大的促进作用。

3)产品描述的类别

随着人们物质文化生活水平的不断提高,满足人们各种需求的产品也越来越丰富。产品分门别类,产品描述也随之类目繁多。

(1)根据消费者的购物习惯,产品可分为日用品、选购品、特殊品和非需品四类。

(2)根据产品的性质、用途、原料以及不同的服务,产品可分为家电类、塑料制品类、皮制品类、工业生产类、农副产品类、服务类产品等。

(3)根据产品档次,产品可分为高档品和低档品。

(4)根据产品在商店销售中的作用,产品可分为主力产品、辅助产品、辅助性产品和关联产品。

4)五类常见产品的描述技巧

(1)数码类产品的描述技巧。

① 数码类产品与其他产品有一些区别,要让消费者了解产品的一些使用功能以及匹配的型号特征,需要给出详细的产品技术数据,描述出产品的重点功能或特殊细节。

②提供产品及其功能的图片和视频资料,使产品形象化。

(2) 鞋类及鞋类辅料产品的描述技巧。

①编写鞋类产品描述,一定要认真揣摩消费者的心理活动,对产品的流行趋势、材质特点、专业程度等描述得感性一些,引发消费者的购买兴趣。

②提供其他消费者购买产品的见证评论或是专家见证等,让消费者消除心理防线,取得消费者的信任。

(3) 服饰类产品的描述技巧。

①服饰类产品不需要过多描述功能,重点是尺寸和面料的详细介绍。因为每个国家的尺码标准都不同,可以在产品描述中添加尺码对照表,让买家更加清楚地了解对应尺寸。

②服饰类产品在款式、特殊设计、用料颜色等方面的描述可以简短,但产品本身蕴含的特别的故事,使用的特殊材料,不寻常的产地,或者怪异的设计等可以作为卖点适当加入产品描述中,说明产品的独特性和购买的高价值。

③提供搭配建议。有时候买家会觉得衣服买回去不知道怎么搭配而放弃购买,尤其是一些很潮流的服饰,比较出挑的款式,会让一般买家觉得难以搭配,能够给出搭配的建议,买家就会没有这方面的顾虑进而提高产品的成交率。

(4) 食品产品的描述技巧。

①安全性描述:写明通过的一系列食品安全认证和获得的奖项,强调生产商的优势。提供产品成分说明,保证不添加国家禁止添加的非食品原料等。符合国家相关标准,有质量等级的强调质量等级。

②口感描述:在不贬低同类产品的前提下,强调自己产品与同类产品的不同点来宣传自己的产品。

③营养描述:在不胡乱吹嘘产品的治病防病用途的前提下,根据大众对此类产品的需求强调产品在某一方面的营养,吃了后对人体的好处。

④价格优势描述:明确告诉消费者产品价格超值,值得购买。

(5) 外贸产品的描述技巧。

①设置关键词以获取排名。一般来说,搜索引擎截取的简短描述来自前几句话。因此,在产品描述开头,就要写出产品吸引人的优势所在,增加关键词密度,以利于优化排名。

②详细描述产品的功能。产品的功能是消费者最感兴趣的地方,消费者买回去,就是使用的,所以,要让消费者切实地知道产品可以用、很好用、很耐用。

③合理使用图片、视频。图片和视频实现了说明的形象化,图文并茂是必需的。但图片不能太多、太大,否则会影响打开速度。一两张图片,多种资源整合到一起,例如,产品图片、车间图片、产品使用过程图片,如果有认证,可以通过加角标的形式加进去。

④努力把产品功能与消费者使用体验相联系。消费者的使用体验可以通过消费者的评价或某些权威机构的检测报告来加以证实。

五、范例欣赏与解析

范例1 iPhone 4S展示页面

iPhone 4S展示页面如图8-6所示。

图 8-6

解析:

乔布斯一直强调苹果的产品设计来源于技术与艺术的交叉,苹果产品的文案设计也是如此。iPhone 4S展示页面,以手机平面图片为主体,又以大字号的标题文案"从精彩之处再续精彩",既强调产品对iPhone 4S的产品功能的扩展延续,又在情感上体现出一种人文关怀,营造出一种令人遐思飞扬的意境。再以图片上下的小号文字,对产品的名称、内置、处理器的强大性能及主相机、录像等部分应用进行介绍,在消费者了解产品的同时,对消费者产生了巨大的震撼力。

范例2 FLYCO飞科电吹风

FLYCO飞科电吹风如图8-7所示。

图 8-7

1. 使用须知

在使用电吹风之前,请仔细阅读并妥善保管本使用说明书,确保电吹风干燥。FH6216电吹风使用交流额定电压220V、50Hz电源,额定功率850W,本产品具有两挡风速可供选择,将电源开关拨至(1)挡时,电吹风将使用温风缓缓吹干头发;将电源开关拨至(2)挡时,电吹风将迅速提高风速,可快速吹干头发,如整发时,装上风嘴可使用(1)挡对头发进行整形。

本电吹风根据以下国家标准设计制造:GB 4706.1—2005,GB 4706.15—2008,GB 4343.1—2003,GB 17625.1—2003。

2. 使用方法

在使用电吹风时,必须将电源开关设置在(O)挡位置,将电源插头插入插座,然后打开电源开关。

……

3. 注意事项

电吹风的手柄可以折叠,便于收藏。

电吹风必须使用标准的电源插座,同时要与其他的电器分开来使用。

……

警告:不要在盛水的浴缸、洗脸盆或其他器皿附近使用本电吹风。

不要使用稀释剂、甲苯和其他溶解剂来清洁电吹风。

……

4. 售后服务

在保证本产品品质优良的同时,您将享有我公司免费服务保证。在购买之日起两年内,若发生任何因制造工艺或元器件造成之损坏,我们将为您提供免费的门市维修服务。请填好保修证并向购买店索取发票或有效购买凭证,您皆可在服务中心或特约维修店获得优质的维修服务。

如有任何问题,请与我们联系。

5. 部件名称

略。

飞科电吹风

飞科集团有限公司

地址:浙江省温州市瓯海经济开发区双堡西路87-10号

全国售后服务热线:400-887-8282

电话:0577-86722755,86722766,邮编:325014

http://www.flyco.com

E-mail:flyco@flyco.com

解析:

这是一款飞科电吹风说明书,由封面、正文、附文(标记)三部分组成。

封面:由厂名、商标、型号、认证体系、商品照片等组成。

正文:从"使用须知""使用方法""注意事项""售后服务""部件名称"五个方面逐条说明。内容不但详实清楚,而且抓住电器产品的特点,重点说明了使用方法和注意事项,尤其是注意事项,原文列出21条之多,对帮助消费者正确使用产品,尽可能消除安全隐患起到了很好的指导作用。

附文(标记)：明确又具体。

(资料来源：飞科电吹风使用说明,有删节)

六、项目技能训练

1. 点评

试点评本项目中"三、习作文案展示"的赵君的习作文案。

2. 技能训练任务情景

刘巧是个聪明伶俐的成都女孩,从小就喜欢逛街市上那些绣花铺。大学毕业时,她说服家人,在离家不远的地方,租了个几平方米的临街铺面,开起"巧儿十字绣",出售自己的手绣产品。

刘巧心灵手巧,又吃苦耐劳,她既绣手帕、小摆件的小幅绣品,也绣客厅的大幅挂件。她的绣品题材包含了风景、人物、花草、动物等,最受欢迎的是郁金香、鸳鸯戏水、八骏奔腾、富贵花开、芙蓉鲤鱼。价格从几元到几千元不等。

由于纯手工刺绣,来订购的顾客多了,她一个人实在忙不过来,就又力邀几个志同道合的姐妹加盟。发展了的"巧儿十字绣",绣品的题材也拓展了五子登科、一路荣华、高山流水、旭日东升、黄金满地等中国风系列。而且除实体店外,还在淘宝上开设了网店。

1) 任务

为了进一步开拓市场,在元旦、春节临近之际,"巧儿十字绣"打算做好节日促销。请自选情景中提及的一种绣品,拟写产品描述和产品说明书各一份。

2) 要求

(1) 描述应充分展示产品本身的特性。

(2) 描述有感染力,能体现纯手工十字绣本身强烈的感情色彩。

(3) 能突出十字绣的时尚感和流行元素。

(4) 结构完整,条理清晰,用词简练准确。

知识延伸

1. 清喉利咽颗粒说明书

[药品名称]

通用名称：清喉利咽颗粒

汉语拼音：Qinghou Liyan Keli

[成分] 黄芩、西青果、桔梗、竹茹、胖大海、橘红、枳壳、桑叶、醋乡附、紫苏子、紫苏梗、沉香、薄荷脑,辅料为乳糖、蛋白糖。

[性状] 本品为黄棕色的颗粒；气香、味甜、微苦。

［功能主治］ 清热利咽,宽胸润喉。用于外感风热所致的咽喉发干、声音嘶哑;急慢性咽炎、扁桃体炎见上述症候者,常用有保护声带作用。

［规格］ 每袋装5克(含乳糖)。

［用法用量］ 开水冲服。一次1袋,一日2～3次。

［不良反应］ 尚不明确。

［禁忌］ 尚不明确。

［注意事项］

(1) 忌烟酒、辛辣、鱼腥食物。

(2) 不宜在服药期间同时服用滋补性中药。

(3) 有高血压、心脏病、肝病、糖尿病、肾病等慢性病严重者应在医师指导下服用。

……

［药物相互作用］ 如与其他药物同时使用可能会发生药物相互作用,详情咨询医师或药师。

［贮藏］ 密封。

［包装］ 药品包装用复合膜包装,每盒装18袋。

［有效期］ 24个月。

［执行标准］ 《中国药典》2010年版一部。

［批准文号］ 国药准字Z20053117。

［委托企业］ 企业名称:桂龙药业(安徽)有限公司。

企业地址:安徽当涂经济开发区

邮编:243100　电话:(0555)6758271

传真:(0555)3120865

［受托企业］ 企业名称:忻州中恒药业有限责任公司。

生产地址:山西省忻州市经济技术开发区

邮编:034000　电话:(0350)3120725

总部地址:厦门市湖滨北路10号新港广场11层　邮编:361012

传真:(0592)5310265　网址:www.guilong.com.cn

服务电话:4008199688

如有问题可与生产企业直接联系。

赏析:药品是一种特殊的消费品,一般药品说明书的内容包括药品的品名、规格、生产企业、药品批准文号、产品批号、有效期、主要成分、适应证或功能主治、用法、用量、禁忌、不良反应和注意事项。

这是一份中药制剂说明书,除了一般药品说明书的内容外,还包括了主要药味(成分)性状、药理作用、贮藏等。

2. 如何写好淘宝详情页的产品描述

产品详情页也称为页面的引导页、明细页、产品介绍页等,就是描述产品的页面,通常由产品的图片和产品的详细介绍组成,一般体现在网店产品内。

客户买的是自己问题的解决方案,详情页就是商家为客户提供解决其需求的一种方案,相当于线下的一个导购员或者解说员。因此详情页的产品描述一定要描述用户的关注点。

(1) 说明产品属性。产品的品类、材质、颜色、小装饰、适用性别等都是产品属性词。把这些属性按销量从高到低排个序,然后把销量高的写进标题里。比如,皮鞋,皮是什么皮,底是软还是硬。

(2) 有图有真相。为了增强产品可信感,一般要附上实物拍摄的商品大图、细节图。图片不一定特别精美,但对产品特点、优势的表现一定要精准。

(3) 突出产品优势。比如,皮鞋的皮相对于其他的皮有什么特点,是更舒适、更柔软还是更加耐用等。一般附上产品品牌证书或权威见证照片。

(4) 提供客户需求解决方案。仍以购鞋为例,分析客户需求,要知道客户购鞋是要解决外观上的形象气质问题,还是要解决脚的舒适度问题。产品描述一定要以客户买的理由为卖点,卖点一定要围绕关键词来做,比如,鞋跟的设计用了人体工程学原理等。

(5) 提供客户攻心评价。很多人有从众心理,买东西喜欢跟风。产品描述就要有买家购买之后的好评截图、用产品后的效果图、商家的销售记录截图、聊天记录截图等,这些都是对该产品描述有利的因素,也是证明你表达的产品确实如你所说的有力佐证。

(6) 敢于承诺产品品质和售后服务。为了增强用户购买信心,在不影响二次销售的情况下承诺如"保证100%正品,假一赔十""100%正品,支持专柜验货""100%保证正品,支持全国防伪电话验证查询""诚信商家,无效退款"等。

(7) 有行为驱动指令。为了激发消费者的购买热情,促使消费者产生购买行动,在产品描述中,需要强调产品销售活动的优惠及时效。比如,"限量优惠100件""截至××日恢复原价××元""现在购买送赠品××""现在购买包邮"等。

项目九

网络广告新闻

 项目技能要求

（1）明确网络广告新闻营销的含义及优势。
（2）熟悉新闻惯用词汇，具备网络广告新闻写作的基本知识。
（3）能根据企业及产品宣传目的，发现其新闻点，拟写网络广告新闻。

一、情景导入

小花从旅游学院毕业后，在亲友的支持下，经过一年的紧张筹备，在成都市东郊开了一家"小花农家乐"。"小花农家乐"庭院宽敞明亮，环境优雅舒适，院内树木错落有致，植有多种珍奇花草，有鱼塘、包厢、机麻、上网等服务设施，为游客提供棋牌、赏花、垂钓、骑游等服务项目，人均消费 80 元/次左右。

为了增加客源，提高"小花农家乐"的收益，五一前夕，小花听闻如今中短程旅游和近郊游已成为人们小长假出行的首选，于是想在五一期间，在自己的农家乐推出"乡村休闲度假"活动，把自己的"小花农家乐"推广出去。依托邻近的乡村和花卉市场，小花策划的这次活动内容主要有棋牌和垂钓比赛、农家美食品尝、赏花、现代农业观光、骑行山水间等休闲娱乐活动。

二、任务及要求

1. 任务

五一前，小花请赵君为自己策划的这次"乡村休闲度假"活动拟写一篇网络广告新闻稿,发到相关的网站上去,以便宣传推广"小花农家乐"。

2. 要求

（1）标题能清晰、准确地说明这个新闻事实或者突出这个新闻的重要因素。

（2）主体要巧妙地嵌入宣传对象。

（3）善于运用新闻惯用词汇。

三、习作文案展示

赵君接受委托后,实地到"小花农家乐"考察了一番,然后很快草拟了几篇文案。

文案1　五一成都短程旅游与近郊游的首选之地

（本报讯）2016年5月1~3日,成都市东郊"小花农家乐"将在宽敞明亮的庭院,优雅舒适的环境,推出特色"乡村休闲度假"活动。

柳树下提供多种棋牌比赛,游客可以边品茶边切磋、探讨棋牌技艺。

天然池塘旁轻松垂钓。

主厨可根据游客要求为其烹饪；游客也可在附近的农家亲手采摘新鲜的绿色蔬菜,让主厨做成各类美食,且院内种植有各类珍奇花草,游客可将美食移至喜爱的花丛旁品尝。

免费提供自行车、观光车在山水间游走,在农家院附近进行现代农业观光。

丰富的活动,优美的环境,一天仅80元左右的最低消费,将使"小花农家乐"成为五一成都短程旅游与近郊游的首选之地。

文案2　"小花农家乐"强势进军五一市场

据消息称：五一期间,成都市东郊"小花农家乐"将重磅推出多种休闲度假活动,强势进军五一近郊游市场。

"小花农家乐"庭院宽敞明亮,环境优雅舒适,院内树木错落有致,植有多种珍奇花草,有鱼塘、包厢、机麻、上网等服务设施！为人们提供了一个舒适的田园风光的度假环境！

本次休闲度假活动依托邻近的乡村和花卉市场,有棋牌和垂钓比赛、农家美食品尝、赏花、现代农业观光、骑行山水间等,超高的享受超低的消费,人均只要80元！

小编短评：不管商家们在五一怎样相互竞争,广大消费者能享实惠就是好事！

四、相关知识

1. 新闻的含义

新闻是对新近发生、正在发生或者是早已发生却是最近发现的有价值的事实的报道。

2. 新闻营销

新闻营销是指企业在真实、不损害公众利益的前提下,利用具有新闻价值的事件,或者有计划地策划、组织各种形式的活动,借此制造"新闻热点"来吸引媒体和社会公众的注意与兴趣,以达到提高社会知名度、塑造企业良好形象并最终促进产品或服务销售的目的。

在快节奏生活的今天,广告信息铺天盖地,消费者开始产生信息焦虑,对广告敬而远之,而新闻性广告,广告客户将广告诉求的内容转换、纳入新闻消息或通讯、特写一类的新闻形式之中,会让愿意看新闻而不愿接受广告的读者,在不知不觉中接受企业要传播的东西,从而获得以"广告"形式发布所不能获得的诉求效果。于是作为企业与消费者的一种良好的沟通手段,新闻营销逐渐受到了企业的青睐。

3. 网络新闻营销

网络新闻营销是一种利用互联网资源及技术,整合国内众多家网站优势资源,把企业、品牌、人物、产品、活动项目等相关信息以新闻报道的方式,及时、全面、有效、经济地向社会公众广泛传播的新型营销方式。

4. 网络广告新闻

1) 网络广告新闻的含义

网络广告新闻就是在网络媒体上发布的广告新闻,它是以新闻报道形式刊播的隐性广告。它与广告的差异仅仅在于文体形式的不同,从其内容、目的来看,和广告没有区别,其本质是广告,是不能纳入新闻之列的。

2) 网络广告新闻的优势

网络广告新闻媒体都具有海量的浏览量,尤其是新浪、搜狐、网易、腾讯这四大综合新闻媒体和一些行业垂直新闻门户,更是流量惊人。这能迅速提升公司品牌产品的知名度。传播范围广、热点性的新闻能引起网民普遍关注和参与讨论,是网络广告新闻最大的优势。

5. 网络广告新闻写作技巧

1) 新闻写作基础知识

新闻写作六要素:时间(when)、地点(where)、人物(who)、起因(why)、事件(what)、结果(how)。

新闻稿的一般格式包括标题、导语、主体三个部分。

(1) 标题是用以揭示、评价新闻内容的文字,是新闻内容的集中、概括。

(2) 导语是新闻开头用来揭示新闻要点与精华、发挥导读作用的段落。写作时应根据新闻特点,选取一两个最能激发受众兴趣、突出新闻要点的要素写进导语。

(3) 主体将导语所述具体化,仔细交代新闻事件,内容要包括六要素,有时也需要交代背景材料。

2) 网络广告新闻写作

网络广告新闻的文本形式是新闻,因此需要遵循新闻写作的基本原则。但是,鉴于受众在网络新闻传播过程中的心理及行为方式的特点,网络广告新闻写作在遵循新闻写作基本原则的同时,也要遵循网络新闻传播的特殊规律,使用专门技术,运用特殊技巧,以保证更好地满足受众需求,更好地实现传播目标。

(1) 精心制作网络广告新闻标题。目前新闻媒体网站为增大信息容量通常采用新闻标题集中组合的引导式版面布局。在这样的版面结构下,最先呈现于受众眼前的是由大量新闻标题组成的链动集群,每条新闻的深层内容往往需要通过点击标题的链接才能索取。因此,标题的好坏直接影响文章的点击量。做好文章标题,是网络广告新闻首先要动脑筋的问题。

一般来说,无论是长篇通讯、纪实报道,还是社会新闻,都只需一个单独一行的、一般不要超过25个字的言简意赅的文字标题。而且,在标题中,要清晰、准确地说明这个新闻事实或者突出这个新闻的重要因素。

(2) 突出重点新闻要素。网络广告新闻和报纸新闻、电视新闻一样,主体都应包含"六要素",有时也需要交代背景材料。因为网上读者阅读新闻的主要方式为扫描式阅读,在这种阅读方式下,要想保证读者能够容易、清晰、准确地捕捉新闻的核心内容,在写作网络广告新闻时就要做到以下事项。

① 遵从重要者为先的原则,将最重要的新闻要素置于最前面,并且注意让关键词语凸显出来,非常明确地强调它们。

② 善用分段。一个段落一个中心,不宜将文字堆砌成大段,每段两三句话为宜。对于无法割舍的长篇幅新闻,可以采用超链接等方式"化整为零",也可用小标题的方式将长新闻分成小块。小标题既可提示本段主要内容,又可起到缓冲的作用。

③ 想方设法让读者感到你提供的信息对他们有用。读者往往没有足够的耐心并且充满了怀疑态度与批判精神,他们是要满足自己的某种需要才去访问你的网站。因此写作网络广告新闻,需要以"对读者有用的"方式去进行,让读者很快发现他们想要的信息。

(3) 篇幅简短,语言简明扼要。网络广告新闻是在屏幕上浏览的,因而篇幅要尽量简短,一般来说字数最好在600字左右,而且尽量要做到图文并茂。

因为网络广告新闻的功效是传播信息,而网络媒体的受众广泛,要适应不同性别、年龄、文化程度的受众的阅读要求,必须做到语言不夸张不浮华,简明扼要,像产品的说明文字一样,说清楚事件的过程就行了,在此基础上,再考虑用凝练、生动的词语来陈述,特别是一些现场新闻和新闻特写,语言可以灵动一些。

(4) 制作便于检索的导语和概要。搜索引擎已经成为人们检索网上信息必须使用的重要工具,因此,要让你的网络广告新闻更容易被受众检索和查询,就要为它制作精彩的导语或概要。

应该使用能够引起人们注意的词汇和简洁的句式制作导语或概要。导语应开门见山,精心提炼,以不超过两句话为宜。概要描述应该控制在150字以内。

巧妙嵌入宣传对象。网络广告新闻总是在新闻事件中找到新闻点后,把公司和产品或者概念嵌入新闻之中,达到借势传播的效果。

(5) 善于运用新闻惯用词汇。在网络广告新闻写作中,要善于运用新闻惯用词汇来增强正文的"新闻性"。如注意地名、姓名的规范,重视异形词的正确使用,数字用法要规范,计量单位要规范统一,成语使用要正确。报头(如本报讯)的结构形式、编者按的评注的合理使用等。

6. 企业网络广告新闻的写作题材

（1）以企业自身的资源作为网络广告新闻的题材。通常成熟的、已成规模的企业，都有许多可做新闻源的自身资源。

① 产品新闻：新产品上市新闻、产品测评点评、买家体验新闻、产品联动新闻。

② 企业新闻：技术更新、设备更新、人才交流、管理模式改革等重大企业事件，参与慈善活动，行业特色事件，危机公关事件。

③ CEO新闻：CEO故事访谈、发表行业性观点、社会热点点评、荣誉及社会责任。

④ 文化新闻：企业价值理念、企业文化观、企业成长历程、品牌故事。

（2）不具有自身新闻资源的新创企业、中小企业，在进行新闻营销时，可以借助外部力量。

借助的资源有很多种，可以借助名人、体育活动、社会热点、政治事件、自然事件、娱乐新闻等公众关注的事情。

7. 网络广告新闻的发布

网络广告新闻稿完成后，最重要的环节就是新闻稿的发布。网络广告新闻稿的发布渠道主要有以下几种：企业召开新闻发布会、利用相关网站、自建媒体关系、自主免费发布。这些发布渠道，媒体范围大小不同，花费多少不一，操作难度有大有小，适用对象不同。

通过网络媒体发布广告新闻稿时，除了根据广告新闻发布的主体和内容，选择不同的发布渠道外，还要注意以下事项。

（1）内容细分。对于行业网站来说，基本上只关注与本行业相关的资讯内容，如果你的企业与这个行业无关，网络广告新闻稿写得再好也无法发布。

（2）注重时效。网络媒体相比广播电视、报纸杂志等传统媒体，更注重新闻的时效性，因此必须与网络媒体保持紧密联系，并在第一时间提供新闻素材和稿件。

（3）建立良好的媒体通路。大多数网络媒体对于企业投递来的品牌新闻都会接纳甚至安排发布，但天下没有免费的午餐，网络媒体也是一个营利性机构，要想建立长期的、良好的媒体通路，也应该选择那些好的网络媒体进行相关的广告投放和活动赞助。

五、范例欣赏与解析

范例1 《上海象牙雕刻》新书发布

发布时间：2016-11-26 03:20:27 | 来源：新华网 | 作者： | 责任编辑：

由上海工艺美术职业学院和上海人民出版社主办的象牙雕刻非遗保护研讨会暨《上海象牙雕刻》新书发布会日前在上海举行。

代表中华民族优秀文化的象牙雕刻艺术，曾在人们记忆中留下过特殊的印象。为唤起人们对上海象牙雕刻的历史记忆，弘扬非遗文化，此次专门出版了《上海象牙雕刻》一书并举行研讨会。

解析：

《〈上海象牙雕刻〉新书发布》这则消息，篇幅简短，结构完整，语言简明扼要。

标题用一个陈述句清楚地说明了一个新闻事实，包含了这则新闻中，什么人（《上海象牙雕刻》）、什么事（新书发布）两个重要因素。

导语（第一段）作为新闻的开头部分，用一句话直接组合了该新闻的几个要素：什么人、什么事，事情发生的时间、地点。

主体部分对"什么事"要素展开叙述，揭示本次事件的目的、意义，起到了吸引人们关注新书的作用。

范例2　长城润滑油专利技术照亮品牌发展路

2012-12-18 来源：中国石化新闻网

中国石化新闻网讯（潘威）　中国石化润滑油公司按照"产品领先、技术领先"发展思路，秉承"科学发展、技术创新、国际接轨"的理念打造知识产权优势，2012年实现专利申报81项，同比增长40%。超额完成股份公司考核目标35%，超额完成润滑油公司奋斗目标6%。其中，发明专利占到80%以上，同比增长50%。2012年共获得专利授权28项。

2012年，中国石化润滑油公司积极组织研发单位、生产单位开展专利技术挖掘与专利申报，强化专利申报程序与专利管理人员职责，研发单位明确专利专兼职管理人员，提升了申报效率与申报质量。

中国石化润滑油公司依托内燃机油、工业油等技术优势，深度研发和挖掘专有领域核心技术，开展专利研究。开发出《一种汽车冷却系统清洗剂》《一种自动变速箱油组合物》等多项发明专利，为扩展汽车行业领域合作创造条件；实现《热处理油组合物及其制备方法》《汽车零部件拉延油组合物及其用途》的成功申报，对进一步获得金属加工液核心竞争力起到了推动作用；通过《一种合成空气压缩机润滑油组合物及其制备方法》等专利，巩固了合成油领域的技术领先地位。《一种抗磨锂基润滑脂组合物》《一种滚动轴承润滑脂组合物》等专利申报，在润滑脂领域都具有较高的技术价值。此外，还充分利用生产过程中的工艺技术、设备技术开发，实现专利申报共计10项。

解析：

《长城润滑油专利技术照亮品牌发展路》这则消息，结构完整，层次清楚，内容详实又重点突出。

标题直接揭示新闻的重要意义，引起人们的关注。

导语部分除了包含何人、何事、何时三个新闻要素外，还依据新闻内容的特殊性，用具体的数据来陈述公司取得专利成果。

主体部分是导语的展开，是对新闻内容的补充，它突出了公司是如何取得这些成绩及这些专利对公司品牌发展的意义。

这则新闻是企业成长历程的重要事实的报道，也是对企业绝佳的宣传。

范例3　宠物经济：萌宠的奢华生活

2016年11月15日16:02 腾讯图片

近日媒体报道称国内宠物消费市场已达千亿元规模。从吃、穿、住、行到生、老、病、死,如今宠物的生活水平越来越高,甚至有奢侈品牌也瞄准宠物商机,有人感慨:宠物过得比人好。如图9-1所示为一场宠物大赛上,宠物主人带着心爱的萌宠参赛。

图 9-1

解析:

这是一则图片新闻。在如今的读图时代,作者利用图片的视觉冲击力,让图片说话,使读者在视觉的震撼中,感受事实的力量。

首先,图片选题抓住社会上"关爱小动物"和"孝养老人"这具争议性的话题,将人物故事与社会热点结合,深入人物内心世界,使影像记录富有人情味。

其次,以简洁的标题,深刻揭示了这则新闻的意义。

最后,为新闻图片配的文字,极俭省地展示并分析了宠物经济繁荣这一现象,最后通过引用人们的感慨,反映了人们对此现象的一种评价和态度。

这则图片新闻,图片、文字容量有限,但图文结合,信息量大,能引发网民的关注。

(资料来源:贺敬华/视觉中国,编辑:Vera)

六、项目技能训练

1. 点评

试点评本项目中"三、习作文案展示"的赵君的习作文案。

2. 技能训练任务情景

吴强和朋友在成都一家电脑城经销某品牌计算机,每年能卖出计算机1600台,在附近几个电脑城的业内人士中获得了"销售一哥"的名号。

但是,虽然生意不错,除去房租开销,平均每月却只有3000多元的收入。随着市场竞争压力的增大,他的事业也遇到了困难,吴强觉得再在这个领域坚持已经没有意义,而民以食为天,吴强打起了"吃"的主意。

吴强卖掉公司,和朋友在电脑城对面租店铺开了自己的奶茶店,又看准商机增加了烤红薯的业务。以前西装革履做经理,现在穿布鞋、胶鞋,手上身上都是炉灰当"红薯哥",他心里纠结过,但还是顽强地坚持了下来。

吴强不仅每天早起开店,还研究烤红薯的技术,现在已成了烤红薯的"高手"。小店的生意越来越好,吴强新近增添了2个红薯烤箱,招聘了几名新员工。他现在有车有房,正在筹备增开一家火锅店,认识他的人都说他改行改对了。

1)任务

假设您是华西都市网的一名记者,现在要拟写一篇网络新闻稿宣传报道吴强。

2)要求

(1)标题有吸引力,能突出这个新闻的重要因素。

(2)符合新闻稿的一般格式规范。

(3)适应网络平台特点,篇幅适中,语言简明扼要。

知识延伸

1. 富亚涂料事件

2000年10月8日,一家名为富亚的涂料公司在《北京晚报》上打出一则通栏广告:10月10日上午,在北京市建筑展览馆门前开展"真猫真狗喝涂料"活动,以证明该公司生产的涂料无毒无害。

由于这一活动的新奇性,加上近年来"动物保护"意识已深入人心,因此广告一刊出,即在社会上引起轩然大波。

10月10日上午,北京市建筑展览馆门前挂起了"真猫真狗喝涂料富亚涂料 安全大检验"的横幅,一猫三狗准备就绪,富亚公司请来的崇文区公证处公证员也已到位。而展台前则拥满了观众,其中几位愤怒的动物保护协会成员发誓要阻挠此事,另外还有不少跑来"抢新闻"的媒体记者。

上午9时,富亚公司总经理蒋和平开始向围观者宣传:1998年,中国预防医学科学院就用小白鼠为富亚牌涂料做过无毒实验,结论是:"实际无毒级。"开展这次活动,是请大家亲眼见证一下。

他的解释没能说服特意赶到现场来制止这一事件的动物保护主义者。北京市海淀区环保协会动物救助分会会长吴天玉强烈反对,北京市保护小动物协会副秘书长赵羽和国际爱护动物基金会的吴晓京也是反应强烈,他们与同伴一起在现场举起标语"请不要虐待动物,孩子们看了怎样想?",要求立即停止动物喝涂料的实验,并几次强行要把正准备喝涂料的小动物带走。

现场秩序混乱,围观者越聚越多,眼见"真猫真狗喝涂料"活动就要泡汤。这时蒋和平摆出一副豁出去的架势,大义凛然的宣布:考虑到群众情绪,决定不让猫狗喝,改为人喝涂料,他亲自喝。并在两名公证员的监督下,他打开一桶涂料,倒了半杯,又兑了点矿泉水,举在眼前顿了顿。在四周观众直勾勾的注视下,咕咚咕咚喝下手中一大杯,喝完后一擦嘴,还面带笑容。

蒋和平这一"悲壮"的行为赢得了极大的新闻效应。当时,新华社播发了一篇700字的通稿《为做无毒广告,经理竟喝涂料》,此后媒体纷纷跟风,"老板喝涂料"的离奇新闻开始像野火一样蔓延。不仅北京市的各大媒体竞相报道,全国各地的媒体也纷纷转载。

当时有个细节可说明这个新闻事件营销的影响力:北京电视台评选的10月十大经济新闻,"老板喝涂料"赫然跻身其中,与"悉尼奥运会"等同列。

(资料来源:富亚涂料事件-百度文库,有删节)

2. 统一润滑油

2003年3月21日(伊拉克战争的第二天)以前,对大多数消费者来说,看到或听到"统一"这一品牌,很多人总是联想到来自台湾的统一方便面。而在3月21日以后,这种情形得到了很大的改变。因为就在那一天,统一润滑油的广告巧妙地借用战争话题,以"多一些润滑,少一些摩擦"的创意,非常贴切地迎合了中国观众对和平的期待,给人们留下了深刻的印象。

3月21日10:00,距伊拉克战争爆发不到24小时,"多一些润滑,少一些摩擦"的广告版第一次与全国观众见面,在战争报道中开始有了来自统一润滑油呼唤和平的声音。伴随广告,其内容也形成了新闻,引起媒体的铺天盖地的报道。

据统计,统一润滑油在2003年3月的出货量比去年同期增加了100%,而且当月销售额历史性地突破了亿元大关。

(资料来源:新闻营销-百度百科)

项目十

网络事件营销

 项目技能要求

(1) 熟悉各种网络资源和平台,能拟写各种网络文案。
(2) 能根据需要合理选择事件营销网络平台和拟写相应文案。
(3) 具有关注社会生活,发现人和事物的新闻点的敏锐性。

一、情景导入

五月的第二个星期日,是现在世界流行的母亲节。

国际商贸城的宋女士经营的"宋女士箱包"是一家普通皮具箱包店,她相信每一个女性心中都有一个包包控情结,作为女人,母亲也需要装扮自己的女人梦想,而时尚女包既可以是做了母亲的女人送给自己的一份礼物,也可以是子女送给母亲的爱心。

于是,在节前宋女士特别组织了一批时尚女包货源。品牌有意尔丹、伊米妮、威登保罗、千姿百袋等。风格有欧美、日韩风范,潮酷风范,复古风等。外形有横款方形、竖款方形、水饺形、枕头形、圆桶形、箱形等。质地有 PU、牛皮、兔毛、帆布、PVC、尼龙、羊皮等。款式有单肩包、斜挎包、手提包等。价格从几十元到几百元不等。

但是,眼看节日临近,已进店上架的货销路却不理想,宋女士不免心中着急。

二、任务及要求

1. 任务

宋女士找到赵君,请赵君选择事件营销网络平台,写出相应的网络事件营销文案,打开箱包的销路。

2. 要求

（1）事件营销文案内容有一定的创意性和新闻性，能吸引网民的眼球。

（2）事件营销文案语言和结构形式应符合所选择的炒作平台的特点。

三、习作文案展示

赵君接受委托后，查阅了大量相关资料，经过反复推敲，最后拿出了几篇草拟的文案。

文案1　拟在天涯论坛发论坛帖

标题：母亲节，让我们关心母亲的"手"！

主帖：每一个女性都有一个包包控！母亲节，让我们一起关心母亲的"手"。

回帖一：我晓得成都国际商贸城有家"宋女士箱包"，国内品牌很齐全，包包风格、款式都很多，价格也便宜，几十元，最多几百元。楼主说得好，我明天就去给我妈买一个，尽尽孝心。

回帖二：本人认为楼上的太偏激，好像不买包包就不孝顺一样，还有就是几十元、百把元的包包能有好货吗？

回帖三：楼主说得好，顶一个！如果不关心自己母亲，真说不上孝顺。怕东西不好，可以去她店里看看，可以的话再买一个给自己的母亲试试，看看效果到底怎么样嘛。

文案2　拟在新浪微博发布的软文

女神也挎她们店的包

据有关报道，22日，"女神"×××为宣传新片来到成都，某某某走下飞机时，手里的黑色手提皮包分外抢眼。不久，网上就传出此包乃国内某公司专门定做。

×××使用国产手提包，与其说是在引领潮流，不如说是在"制造"潮流，这是在为国货"正名"。

成都国际商贸城"宋女士箱包"荟萃了国内箱包品牌，风格多样，款式新颖，价格合理，在母亲节来临之际，为孝顺儿女们给母亲的礼品，提供了多样选择。

文案3　拟在QQ空间发布的软文

母亲节到了，一批包包引发的"血案"

母亲节快到了，成都国际商贸城里"宋女士箱包"这几天是人山人海。

"宋女士箱包"店里都是一些品牌的时尚女包，其中有意尔丹、伊米妮、威登保罗、千姿百袋等。风格更是有欧美、日韩风范，潮酷风范，复古风等。外形则有横款方形、竖款方形、水饺形、枕头形、圆桶形、箱形等。质地有PU、牛皮、兔毛、帆布、PVC、尼龙、羊皮等。款式更是多样，有单肩包、斜挎包、手提包等。然而价格却从几十元到几百元不等，真的是价廉物美。

几天来，许多时尚子女带着母亲来血拼，一买就是好几个，而有的母亲就算是自己一个人来也一次血拼多个。看着这样的情况就有人评价"宋女士箱包"里的情况是"一批包包引发的'血案'"。

四、相关知识

1. 网络事件营销的含义

网络事件营销又称网络炒作,是网络策划性传播推广的简称。网络事件营销总的来说就是利用网络媒体,通过推手或者幕后人,发动网络写手对某个人物、某个产品,或者公司、机构进行正负两个方面的效应评论,引起公众的广泛关注,从而把这个人或者公司机构炒红,最终达到营销的目的。

2. 网络事件营销的特征

与传统媒体相比,互联网传播速度更快,传播渠道更广,事件传播互动性更强,因此,与网络广告形成信息相区别,网络事件营销的特征是以新闻为手段,形成的是舆论。

1) 创造话题,借助话题,吸引公众关注并参与议论,形成"口碑营销"

口碑营销就是借助人与人之间的关系,以口耳相传达到塑造品牌、促进销售的目的。

口碑营销基于消费者真实体验,其生存与发展在于口碑源的可信。现在媒体形态越来越丰富,论坛、博客、微博、微信、社交网络、视频等国际上称为"社会化媒体",日益渗透到网民的日常生活中。

口碑营销常用工具是论坛,因为论坛环境是基于用户间的不相识、不存在利害关系而形成的开放的、可信的舆论环境。

2) 打造品牌形象,吸引媒体关注,引发竞相报道

"棋行大地,天下凤凰"算得上是2003年度最有影响的事件营销案例之一。

凤凰县作为偏居湖南省一隅的小县城,虽然风景秀丽、古风流传,而且因为是沈从文、熊希龄、黄永玉等名人的出生地,有着浓厚的人文资源,但由于地理位置等方面的原因,并没有在旅游上取得重大突破,特别是该县当时新发掘的南长城还没有吸引来足够的关注。

为了让更多的人认识、了解凤凰县,并进一步产生想来旅游的欲望,2003年凤凰人借助"湖南旅游节"的机会进行了一场大型网络事件营销。

邀请围棋界名流常昊和曹薰铉在南长城进行"中韩围棋对抗赛",同时以大地为棋盘(棋盘总面积达1005平方米,号称"世界第一棋盘"),以261名少林、武当弟子作为围棋子进行现场演示。整个南长城所在山体被特邀来的"包裹艺术"大师用13万平方米进口红布包裹起来等待现场揭幕,营造出浓郁的神秘气氛。此外,他们还特意设计了大打名人牌,邀请黄永玉、金庸等现场观棋助阵的计划。

由于他们的活动引发了包括中央电视台、凤凰卫视在内的各大媒体的现场直播和报道,凤凰县的受关注程度大大提高,其旅游品牌形象得到了很大的提升。

3) 制造企业新闻事件或活动,在网民中形成强大的舆论

当下,我们正进入一个以互联网为核心的多媒体时代,借助网络、手机等新媒体,网络在人们日常生活中的影响力不断上升。而今的网络不再是简单的交友和浏览信息的平

台,也不再是只会转载传统媒体内容产品的工具,网络成了为民代言的渠道,成了众多热点时事的发源地,网络事件营销应运而生。

进行网络事件营销时,企业需要整合自身资源优势,把握新闻的规律,制造具有新闻价值的事件或具有吸引力的创意性的活动,并通过一定的网络媒体传播出去,使之成为大众关心的话题、议题,吸引媒体的竞相报道与消费者的参与互动,让这一新闻事件或活动在网民中广泛传播,最终达到营销的目的。

比如,百事可乐采用巡回演唱会这种方式同目标消费群进行对话,运动品牌锐步在台北东区街头模仿海外发起的"无裤日"活动,都成功地吸引了众人目光,引起了媒体的广泛关注和竞相报道。

3. 网络事件营销的方法

海量信息时代,在传统媒体上做广告,不见得有多少消费者会注意,效果也不一定理想,网络事件营销则是低成本、高收益的传播途径。

商业利益的推动为网络事件营销提供了催化剂,为了经济利益,商家和企业也经常成为网络事件营销者。一些商家和企业经常选择以某种表演的、夸张的、争议的姿态出现,以期引起媒体和公众的注意,这种"作秀"就是事件营销行为。

具体来说,在日常的经营活动中,商家和企业经常采用哪些事件营销方法呢?

1) 制造悬念

悬念炒作就是提炼事件营销对象一到两个核心、神秘的卖点,并像相声的卖关子、抖包袱一样,把信息有计划地、一点点地分次发布给读者,而不是一次把话说完。

如四川民企腾中重工收购悍马事件:从2008年10月通用汽车公司确认出售悍马及法国工厂开始,到2009年6月传闻四川腾中重工收购悍马,至2010年2月通用汽车公司宣布腾中重工收购悍马交易失败,由于事涉四川一家民企收购通用汽车公司悍马品牌,本身就是具有极大震撼力的新闻,引发各大媒体竞相报道。围绕这类似蛇吞象的收购能否成功的悬念,诸如这是美国的没落、是中国的崛起、还是企业的炒作等各种争议和讨论也充斥网络。名不见经传的腾中重工也因此而一夜成名。

2) 利用心理落差

生活的经验和阅历,总会在人们头脑中产生这样或那样的思维定式,而一旦打破这种思维定式,人们自然而然就会在心理上形成一种落差,这种落差既会让人懊恼,也会让媒体和大众耳目一新,继而产生关注的热情。

2009年11月底,因《惊爆上海陆家嘴金融中心惊现求婚女》的一篇帖子和随即贴出的一则征婚广告,让一个名叫罗玉凤的女子迅速走红。罗玉凤其貌不扬,既无很好的身世背景,也无很好的受教育背景,与其"必须为北大或清华硕士毕业生""身高1.76米左右""东部沿海户籍"等的征婚条件形成了巨大的反差。由于其言行打破了平常人头脑中"帅哥美女""高富帅""白富美"在婚恋领域才有高调的思维定式,从而引发人们的热议和嘲讽,罗玉凤也因此迅速走红网络。

3) 策划第一

人们的记忆中只能记住第一,比如,人们知道世界第一高峰是珠穆朗玛峰,世界第二高峰是什么就不知道了。"第一"容易引起人的兴趣,容易吸引公众眼球,容易被记住,还会使对手难以逾越,品牌形象较易脱颖而出。

但是,"第一"毕竟只有一个,绝大多数企业很难拥有"第一"。这就需要变通地策划出"第一",或者说"制造"出"第一"。如某企业某种做法,在某行业尚属第一次;第一次发现了某产品某种属性;某种行为使某人在某领域成为第一人;某模式属首创的第一模式等。如重庆德庄第一大火锅、水井坊第一坊等。

4) 引发争议

针对企业产品、质量、企业行为等,策划容易引起争议的事件或观点,引发社会讨论,吸引公众关注。用词越尖锐,引起的公众话题就越多,公众的参与和互动热情就越高涨,最终实现的炒作目的就越完美。如360大战腾讯,各种选秀节目中出现的争议人物等。

5) 揭露"内幕"

用行业的"黑"显示自身的"白",用它人的缺点突出自身的优点,以自曝"内幕"或别人揭"内幕"的形式进行炒作,在一种对比形式中获得消费者对自己的认可。

企业"内幕"涉及消费者利益,容易吸引公众关注。如2004年9月,深圳南顺集团董事总经理曹宸纲在媒体见面会上曝"增白剂超标"等行业内幕,多家媒体以"面粉厂老总揭露行业黑幕"为话题做了报道。而南顺面粉厂的金像牌面粉也被认定为2004年"中国名牌产品"。

6) 借势炒作法

借势炒作是为了让更多的人认识自己、关注自己,以此提高企业或产品的知名度,企业及时地抓住广受关注的社会新闻、体育赛事以及人物的明星效应等,结合企业或产品在传播上欲达到的目的而开展的一系列相关活动。

2001年3月,在北京申奥期间,农夫山泉把原本每瓶1.5元的天然水的零售价,降为1元1瓶,宣称支持北京申奥,每购买一瓶就有一分钱支持申奥活动等,借申奥"事件"大肆宣扬品牌,引起了广大消费者的关注,促进了销售量的提升。

7) 行业叫板

行业竞争中的弱者公开叫板知名人士、名企业或产品,设下擂台,从而吸引消费者和媒体的注意,让媒体竞相报道,让自己变成可读性新闻。

大型药品零售连锁企业"天天好"大药房,其董事长陈金良高调宣称"向虚高药价宣战",以承诺"药价最低""向医药行业潜规则挑战",引起媒体和公众高度关注。2003年7月,第一家"天天好"大药房开业时,创下了当时单体药店日销售53万元的纪录。2005年1月,其在北京开连锁店时,热烈的开业场面又一次重演。陈金良也进入央视"2005年度社会公益人物"候选人名单。

8) 利用纠纷

在商业纠纷中相互借力也是企业有效的营销手段,利用法律争端是一种很高的营销技巧。因为一个双方都在指责对方,但却只有口水战,没有采取什么实质行动的"纠纷",会吸引社会关注,比较容易传播,对于企业知名度的提升有很好的作用。一段时间后,纠纷往往不了了之,但企业闻名于世,实现了炒作目的。

如2001年年底,新浪状告搜狐抄袭自己的短信产品,随后搜狐也反诉新浪抄袭自己的短信产品。这场官司轰动一时,但一年后结案时人们却几乎忘却。官司之后,即2002年上半年短信业务异军突起，三大门户网站坐地分金，相继由巨亏转为盈利，并在纳斯达克股价创造了翻几番的神话，其领导人也在2003年纷纷登上了《福布斯》排行榜。

9）策划事件

企业往往通过策划、组织和利用具有新闻价值、社会影响以及名人效应的人物或事件，吸引媒体、公众的兴趣与关注，来提高企业或产品的知名度，树立良好品牌形象，并最终促成产品或服务的销售。

如2013年的"派单女神"事件。当猫扑论坛出现《广州惊现"派单女神"，史上最美广州版派单女孩！》的帖子后，随即引发众多网友围观，一下子浏览量已经接近九十多万，吸引了大量网友评论，并被网民疯狂转载和收藏。虽然帖子作者自称是路过白云区某广场，被这位女孩认真工作的背影所吸引，于是忍不住按下了快门。但是，从派单女孩的生硬动作、表情显示的摆拍痕迹，多次出现广州"投资云南万达西双版纳"的宣传单页，到该事件曝光后，云南万达西双版纳比较神秘的旅游度假地产项目被各大媒体迅速曝光，超性价比的低价旅游房产楼盘遭到疯抢，大批量投资客争先恐后地光顾云南西双版纳，不难看出这是一个网络事件营销。

10）借助赞助

企业常常借助赞助、冠名等手段，通过所赞助的活动来推广自己的品牌，重大体育赛事更是企业宣传品牌的最好广告载体。如明星们的盛大婚礼多是很多商户的赞助产品。2008年北京奥运会，包括12家国际奥委会长期合作伙伴在内，一共有62家中外企业以合作伙伴、赞助商、供应商等不同身份与北京奥委会合作，刷新了奥运会赞助史的纪录。

11）借势危机

企业有了负面新闻，如果处理不当，可能一夜之间就名誉扫地，臭名远扬。但是如果处理得当，借势反炒，就能将危机变成机遇。

如可口可乐"比利时中毒"事件。1999年6月初，比利时和法国的一些中小学生因饮用美国饮料可口可乐而中毒，比利时政府禁止销售可口可乐饮料，由于公司开始处理失误，从第一例事故发生到禁令的发布，仅10天时间，可口可乐公司的股票价格下跌了6%。已经拥有113年历史的可口可乐公司遭遇了历史上罕见的重大危机。

意识到问题的严重性后，可口可乐公司对此进行了系列危机公关：首席执行官依维斯特专程从美国赶到比利时首都布鲁塞尔举行记者招待会，赠送与会人员每人一瓶可口可乐；在比利时的各家报纸上登载由依维斯特签名的致消费者的公开信；将比利时国内同期上市的可口可乐全部收回，并向消费者退赔；为所有中毒的顾客报销医疗费用；设立回答消费者提出的各种问题的专线电话等。

公关过程中，可口可乐公司牢牢地把握住信息的发布源，防止危机信息的进一步扩散，最终虽然付出了巨大代价，却赢得了消费者的信任。

12）借力新闻

企业通过与相关媒体合作，发表介绍和宣传企业的产品或服务的文章，来宣传自己。也可在真实的、不损害公众利益的前提下，通过策划、组织一系列宣传活动，制造具有新闻价值的事件或活动，吸引媒体、社会团体和消费者的兴趣与关注，达到借助新闻舆论宣传自己的目的。

比如,香港一强力胶水销售商贴出布告,说第二天他将把一枚价值数千美元的金币用胶水粘在墙上,谁能徒手把它剥下,便奉送给谁。结果不但招来了许多想得到意外之财的先生、小姐,还引来了新闻媒体。销售商用强力胶水在众目睽睽之下把金币粘在墙上,满怀希望上前揭剥的围观者一个个败下阵来,一位出手不凡的气功师出场,但也只是让金币周围的墙板出现了裂纹,金币却依然牢牢地粘在墙上!此事一经新闻媒体报道,强力胶威力远近闻名,销路大开。

13) 炒作商标

注册一个商标门槛低、费用少,只要有一个能高价转让,就能赚得盆满钵溢,于是炒作商标也曾经风行一时。

2009年,一个温州人抢先用法网冠军李娜的名字注册了第25类商品类别,包括服装、鞋、帽等商品,有效期为2009年2月7日至2019年2月6日。到2011年,"李娜"商标的转让价格已经从最初的几万元,一路飙升至上百万元。

2014年"双十一"临近时,京东为"双十一"商标归属权和阿里巴巴展开口水战。

14) 炒作概念

美国市场营销学家菲利普·科特勒认为,在产品的开发策划中,产品概念有着重要的地位。产品概念就是能够满足消费者某种需求的产品特征。产品概念的创新是最有效的商品促销。为顾客设计并让他们接受某种概念,比简单地推销商品,会获得更大的市场效益。

"双十一"仅仅是一个普通的日子,但在淘宝网精心策划了一场全天打折促销活动后,"双十一"被打造成了一个网络购物节,成了网购狂欢日的代名词。

夜间"发光开关"产品三次冲击上海市场均告失败。后来推出"夜视开关"概念,一下子打开了销路。因为"发光开关"只是一种普通的称谓,而"夜视开关"却成功地将小小的开关与高新技术挂钩,消费者很容易联想到曾在海湾战争中大出风头的"夜视"技术。

大蒜作为调味品,其市场的总体需求是基本稳定的,所以供应端对市场价格的影响更大,2009年年底,借助"抗甲流"的概念,大蒜被疯狂炒高,以致2010年"蒜你狠"成为人们熟悉的网络词汇。

15) 制造绯闻

制造绯闻,通过绯闻炒作,增加艺人及其作品的知名度,是一些娱乐公司的惯用手段。上市公司京东的CEO刘强东与网络红人奶茶妹妹的恋情,也让企业加入了绯闻炒作的行列。

4. 网络事件营销文案写作

网络事件营销往往涉及新闻营销、博客营销、论坛营销、口碑营销、视频营销等多种营销方法,实质上是一种网络整合营销,因此确定事件营销的平台和手段后,用于事件营销目的的所有形式的网络文案,都应属于网络事件营销文案。

尽管网络事件营销文案形式多样,其写作步骤却大致如下。

(1) 设定目标。网络事件营销文案写作者,应该在第一时间明确为什么选择网络事件营销?通过网络事件营销能实现什么目标?达到什么效果?

(2) 构思话题和主题。寻找或策划能引来公众关注并产生共鸣的事件,找到拟营销事件与营销目标之间的关联点，预测出事件的未来被放大的可能性，确定一个好的主题，比如，"明星移民"事件、"富二代""官二代炫富"事件等。

（3）拟定富有吸引力的标题。网络是便捷性较高、影响力较广、互动交流比较频繁的最佳网络事件营销平台，但是要使你发布的信息不被海量的网络信息所淹没，你必须了解各大网站、论坛的特点，根据这些特点，拟写出富有吸引力的标题。

（4）根据主题和目标平台及受众，决定文案具体形式和语言风格。大多数网络事件营销，用语都追求夸张、惊人、震撼，以博取网民眼球，但如贾君鹏事件类打亲情牌的，语言更亲切友善，于平淡处显真情，以真情来打动人。

而无论是哪种形式的事件营销文案，都要注意关键词的提炼和植入，实现SEO效果，确保人们可以找到你的话题，顺利阅读。

（5）拍摄照片或视频。当前是看图时代，图片不仅能够增加网页的吸引力，同时也能提升用户浏览网页的体验。而且，因为图片的展示形式丰富多样，不同形式的图片展现也让浏览网页的乐趣变得更加多样化，因此，给文字配上适当的图片，做到图文并茂，能提高文案的吸引力和点击量。

5. 网络事件营销的道德、法律问题

近几年，网络事件营销现象日益突出，有愈演愈烈之势。在网络空间中层出不穷的网络红人令人应接不暇，其中大多网络红人是借助网络事件营销而成名的。网站、企业或产品依靠网络事件营销得以成功营销的案例也不胜枚举，如2010年2月21日，天涯论坛上发布了数张乞丐程国荣的照片，照片中的他看起来造型独特，衣着另类，表情冷峻，因而获得"犀利哥"之名，随后迅速走红网络，甚至席卷海外。2015年"中国好声音"总决赛之夜，冠军揭晓前，播出费最贵的"优信二手车"的天价广告（60秒钟3000万元）的播放，掀起了轩然大波。但吐槽之后，许多人纷纷去搜索优信二手车。优信二手车的网站几乎被突然到来的流量挤垮。

在眼球经济时代，所有东西都可能成为网络事件营销的对象，并且极易演变为不惜损人利己甚至害己的炒作，网络事件营销者在想方设法吸引眼球，为了出名，可以出位，可以出轨，可以说谎，可以不择手段。在网络虚拟社区中，各种各样的"托"在兴风作浪，脏话、粗话、谎话泛滥成灾，煽情、矫情、色情随处可见，不雅文字、照片、视频四处传播，言语攻击、人身攻击、地域攻击成了常态。这种为达到目的，毫不节制，为了炒作而炒作的行为，一定程度上导致了道德水准下滑的问题。

网络事件营销是一种最有效的营销推广方式，但同时又是一把双刃剑，如果加以合理利用，确能取得好的效果。但在事件营销的同时，企业应该注意对社会道德观的把握，虽然争议能够迅速地吸引眼球，但是，炒作不当就很可能对企业形象产生负面影响，这对企业以后的发展肯定会产生不良的影响。

2015年7月14日晚，一则"北京三里屯优衣库试衣间"不雅视频刷爆朋友圈。优衣库官方第一时间回应，坚决否认营销炒作。15日下午，国家互联网信息办公室约谈新浪、腾讯负责人，责令其开展调查，对涉嫌低俗营销等行为进行严厉查处。15日晚，北京警方介入调查，其后相关人员因传播淫秽信息被行政拘留。

如果"优衣库门"是优衣库的营销行为，用如此低俗的手法来制造热点，制造头条，不仅已经突破了法律的底线,而且对优衣库这个知名品牌的形象也造成了极大的负面影响。

2015年10月25日,网上一段上海浦东机场VIP休息室前,iPhone 6S女手撕金立男"国产机不能上飞机"的视频火了起来。"国产机不能上飞机"引发关注及争议的同时,也引发了"蓄意炒作"的质疑。当网曝是金立手机黑苹果的炒作,通过黑苹果,打金立的国产牌、爱国牌后,网友纷纷表示,刚点燃爱国热情,就得知真相,实在太心寒了。

纵观此类网络事件营销,我们可以看到:用低俗和色情、谎言和欺骗博取网民和社会舆论的关注,必然会留下隐患,不仅触犯刑律、伤害网民情感,而且会使人们以后对同类事件产生怀疑甚至是否认的态度,使网络畅通民意的功能大打折扣。

在当今自媒体时代,网民的网上言行享有很大的自由,"网络拼酒""网络炫富"等行为屡见不鲜,恶意炒作之声不绝于耳。但是,网络既不是法外之地,也不是化外之邦,网络事件营销者在进行网络事件营销策划时,要抱有对社会负责任的态度,要自觉坚守网络事件营销的道德底线、法律底线,带给网民的应该是既有个性又有价值的作品。

五、范例欣赏与解析

范例1 一个IT屌丝的自白

2012年7月27日,"一个IT屌丝的自白"视频在优酷首发,随后宣传视频的帖子《让上万站长感动落泪的视频:一个IT屌丝的自白》在各大论坛、SNS社区发布。

经过网络推手的炒作,加上不明真相的网友的加入,短短一个星期视频点击量突破30万,谷歌搜索相关信息134万余条。帖子论坛总点击量突破40万,回复上万条。

后续视频"IT屌丝真实身份曝光,再发视频揭秘事情始末"短短3天点击量突破10万。

而在两段视频中都借主角之口无意间提到的SKYCC组合营销软件的百度指数在一周之内上涨1608%,瞬间爆红网络营销界。

解析:

"一个IT屌丝的自白"视频内容,是一个IT穷屌丝站长,发视频讲述自己夜以继日地奋斗,想通过自己的努力改变生活现状,可是始终找不到成功的方向。看似是一则普通的视频,实际上是SKYCC制造的一起经典视频营销案例,一则小制作的网络视频却带来了非凡的广告效应,SKYCC利用网络视频炒作无疑是非常成功的。

SKYCC这次视频事件,只是简单的拍摄就起到了好的效果。一是因为它抓住了受众的心理,视频内容无论是对于IT创业者,还是对于奋斗中的站长朋友,都能够引起他们的情感共鸣。二是因为广告不着痕迹:无论是第一则视频"一个IT屌丝的自白",还是后续视频"IT屌丝真实身份曝光,再发视频揭秘事情始末"中,SKYCC都是在主角的口中一带而过,而且说得极其自然,看视频的网友往往会去关注视频的主线,但是又会在不经意间记住这款产品。

SKYCC这次借网络视频炒作产品,情感共鸣加上不着痕迹的广告,确实经典。

范例2　罗一笑，你给我站住

2016年9月8日，5岁多的小女孩罗一笑被查出患了白血病，住进深圳市儿童医院。

为了筹集笑笑的治疗费，父亲罗尔将一家人与白血病"战斗"的历程写下来，陆续在自己的公众号"罗尔"上发表。文章发到朋友圈后，大家纷纷慷慨解囊，9月21日，关于笑笑的几篇文章赞赏金已达32800元。

月底笑笑病情转危。每天一万元的治疗费用让罗尔选择了和深圳小铜人公司"合作"的网络筹款的方式。罗尔的文章，在小铜人的公众号P2P观察里推送，读者每转发一次，小铜人向罗尔定向捐赠一元，保底捐赠两万元，上限五十万元。文章同时开设赞赏功能。

"他是一个老父卧病的儿子，也是一个女儿刚刚住进重症病房的父亲，同时肩负着一个正在上大学的儿子。人到中年，四面碰壁，罗尔对家里每一个人都抱着沉痛的亏欠心情。"

这篇文章击中了许多人的内心，更从27日在朋友圈中掀起刷屏之势。短短几天，阅读量突破100万人次，因P2P观察和罗尔个人公众号的赞赏金多次达到五万元上限，"赞赏"功能多次暂停。

除了赞赏捐赠外，读者又通过微信加好友等，直接给罗尔本人转账、发红包，很多人辗转托朋友的朋友，把钱交给罗尔。

深圳还有一位本土公众号大V"森哥故事会"也同样被笑笑的故事感动，撰文开通"赞赏"功能，帮助筹款，"森哥"通过微信转账方式给罗尔本人，并对金额和转账进行了"截图"公示。

据不完全统计，仅腾讯开通的捐款通道，已收到捐赠200余万元。

然而就在2016年11月30日，因知情人爆料罗尔并不穷，笑笑治疗费用社保报销后自费部分并不高，罗一笑事件被指"营销炒作"，剧情发生了反转。

解析：

本次事件先是在深圳的微信朋友圈里刷爆屏，然后四川、新疆、江苏、辽宁、湖北、上海，这些不同地域互不相识的人，突然都转发同一个推送，似乎都在关注同一件事情：深圳不幸罹患白血病的小女孩笑笑的故事。

这次朋友圈极短时间里刷爆屏的炒作效果，主要原因有三个：一是罗尔在个人公众号上发布的系列文章，小铜人的公众号P2P观察里推送的文章，能直击网友内心，感动了广大网友。二是采用了微信这个社交平台，非常有效地利用了朋友圈的黏合度进行广泛传播。三是利用微信"赞赏"功能来募集资金的方法，突破了传统的募集方法的局限。

六、项目技能训练

1. 点评

试点评本项目中"三、习作文案展示"的赵君的习作文案。

2. 技能训练任务情景

姚远家里是做珠宝生意的，大学毕业后，他跟着父亲经营自家店铺。去年，他们在成都红星路开了"玉玲珑"分店,以"品位时尚,诚信经商"为服务宗旨。店里主营中高档翡翠,兼营黄龙玉、寿山石、绿松石等玉雕作品。

自古珠宝就是皇家之物,象征着最高君王的权力和文化价值。现在随着人们生活水平的不断提高,消费观念的快速变化,珠宝已经进入寻常百姓家,为越来越多的人所喜爱。

翡翠原产于缅甸,优质高档翡翠从来价格居高不下,而作为中国传统玉石的新疆和田玉,矿藏资源几近枯竭,价格也一路走高。

让普通消费者望而却步的高价,加上制假售假者混乱整个珠宝市场,珠宝生意日渐困难。

2014年12月,第二届成都国际珠宝首饰展览会将在成都世纪城新国际会展中心举行,姚远认为这是一个生意良机,积极筹备参展。

1)任务

由于各大名牌珠宝企业都踊跃参展,而"玉玲珑"又是首次参展,姚远打算利用网络媒介,以网络事件营销的方式,引起网民对"玉玲珑"的关注,树立"玉玲珑"的品牌形象。

请代姚远为"玉玲珑"本次参展选择网络事件营销平台,拟写网络事件营销文案。

2)要求

(1)能根据网络事件营销对象和网络事件营销目的合理选择网络事件营销平台。

(2)网络事件营销文案内容有新闻性,能激发网民自发点击与转发的热情。

(3)网络事件营销文案语言和结构形式应符合所选择的网络事件营销平台的特点。

知识延伸

(1)2010年国庆节来临之前,河南省济源市小浪底风景区在获悉10月下旬中原经济区13个城市将在济源市召开市长联席会议后,主动携手晋城市、邯郸市、安阳市、菏泽市等13个城市的30家旅行社隆重推出:"济源小浪底 红色旅游月"经典线路。

活动在《济源日报》上报道后,就吸引了国内媒体广泛关注,纷纷转载报道。《河南日报》《中国日报》《中国摄影报》、国家旅游网、新浪网、腾讯网、同程网、猫扑网、北京九游网、河南旅游资讯网、云南云优游旅行网、广州旅游网等都在显著位置进行全文转载,长治市、邢台市、新乡市、菏泽市等地市的电视台、网络媒体也做了相关报道。

小浪底风景区推出的"济源小浪底 红色旅游月"活动开展近一个月,就吸引了120余家媒体纷纷报道,提升了济源市的对外形象,宣传推介了小浪底景区。

(2)2011年1月4日,魅族M9在北京市、上海市、珠海市、深圳市和广州市五大城市同时开卖,每个店内排队人数都数以百计,让人们联想到当初苹果iPhone发售时候的排队场景,引起了人们的关注。

随后IT业内人士李易在其微博上透露,这是魅族花30万元雇用水军进行的炒作,是在蒙蔽消费者。继而引起了李易与魅族之间的骂战。

事后据称:这是魅族与李易就炒作事件本身进行的"再炒作",目的就是提升魅族M9的知名度。

项目十一

网络策划

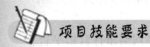

(1) 了解网络策划的含义及基本原则。
(2) 了解网络策划书的基本格式。
(3) 能拟写完整规范的、可操作性良好的网络策划文案。

一、情景导入

端午节是我国的传统佳节,商贸城欲借助端午节的节日概念,以商贸城快捷交通、规模市场的发展前提,完善的物流和仓储配套,政府扶持等项目优势,通过具有轰动效应的一系列大型促销活动,打造商贸城的良好品牌形象及社会效应,提高卖场客流量并提高销售额。

商贸城拟联合国内十大最具影响力的主流新闻网站,包括新浪四川、中国财经、凤凰四川、国际在线、环球网、人民网四川频道、搜狐新闻、腾讯新闻、新华网四川频道、中新网四川新闻,在其网页上开辟专栏,把商贸城打造成为一个知名品牌。

二、任务及要求

1. 任务

4月中旬,商贸城公开向员工征集端午节促销活动网络宣传策划方案。赵君的主管领导要求他拟写策划方案应征。

2. 要求

（1）策划方案要点齐备：网络宣传欲达到的目的，网络宣传的时间安排，网络宣传的关键词、选择的平台，能利用的所有备选方式等。

（2）策划方案内容新颖，有创意，可操作性良好。

（3）文案结构完整，语言规范。

三、习作文案展示

赵君在充分了解、分析商贸城商户的促销活动计划和商贸城的实际情况后，拟写出了以下策划文案。

文案1 2016年商贸城端午节促销活动网络宣传策划方案

1. 促销活动网络宣传背景

由于新建商贸城位于绕城高速以外，离传统的城市商贸中心较远，而本市市民和周边县市的下一级零售商熟悉了原有的城市中心区域消费模式，暂时还不习惯远程到商贸城来购物，因此商贸城虽然占地广、投资高、规模大、现代化水平高，但开业以来，在消费者中还没有足够的影响力，消费群体规模小，对周边地区的辐射力也不够。

端午节是我国的传统佳节，这样的节日，对于商贸城的商家们来说，无疑是一个具有更多消费热点的促销良机，对于商贸城来说，也是一个打造知名品牌、提升社会效应的良机。

2. 促销活动网络宣传目的

（1）借助网络打造商贸城的良好品牌形象，提升商贸城的社会效应。

（2）通过网络实现商品线上＋线下的批发，让周边地区更多的网络经销商、实体店铺、网上店铺等通过网络了解商贸城的商家信息，了解我们的品牌，并产生合作意向，进而提高卖场客流量、提高销售额。

3. 促销活动网络宣传主题

乐购商贸城，开心五月五。

4. 促销活动网络宣传时间

6月1—15日，共15天。

5. 促销活动网络宣传思路

（1）6月1—7日，联合国内十大最具影响力的主流新闻网站，包括新浪四川、中国财经、凤凰四川、国际在线、环球网、人民网四川频道、搜狐新闻、腾讯新闻、新华网四川频道、中新网四川新闻，在其网页上开辟专栏，发布商贸城主要商户的端午节大型促销活动的行业动态新闻，为促销活动造势。

（2）6月8、9日，在商贸城门户网站上，适时、准确、简洁地发布商贸城节日促销活动现场图片、新闻消息,图文并茂地让网民及时了解活动情况。

针对目标群体主动传播,在行业网站、论坛、QQ群等媒体上,投放新闻,树立品牌形象。并注意关键字的提炼,抢占百度首页入口。

(3) 6月10—15日,以本次端午节促销活动的案例、商户介绍、产品展示等为内容,对促销活动进行总结,进一步宣传商贸城,让行业内遍布商贸城商户和产品信息,客户有需求能马上想到商贸城及其商户。

从6月1—15日,即在整个促销活动网络宣传过程中,辅以手机短信广告进行宣传。

6. 经费预算

(1) 6月1—7日,国内十大最具影响力的主流新闻网站,包括新浪四川、中国财经、凤凰四川、国际在线、环球网、人民网四川频道、搜狐新闻、腾讯新闻、新华网四川频道、中新网四川新闻,在其网页上开辟专栏,发布新闻。

费用预算:50000元。

(2) 6月8、9日,针对目标群体主动传播,在行业网站、论坛、QQ群等媒体上,投放新闻。

费用预算:2000元。

(3) 6月10—15日,端午节促销活动总结性宣传。

费用预算:3000元。

(4) 从6月1—15日,手机短信广告宣传。

费用预算:500元。

网络宣传总费用预算:55500元。

7. 活动带来的影响

(1) 此次活动,将有利于树立商贸城在消费者中的良好形象,并最终服务于商贸城销售额的增长。

(2) 扩大商贸城、商户及产品知名度。

(3) 加深与现有客户之间的合作关系。

(4) 开拓新的网络客户资源。

策划人:赵君
2016年5月

文案2　2016年商贸城端午节现场促销活动方案

1. 活动背景

端午节是我国的传统佳节。为庆祝端午节与保留民俗传统,商贸城积极组织商家举办多项促销活动,借促销活动提高活动日商家营业额,提升商贸城知名度。

2. 活动目的

端午佳节到来之际,以低价让利、物美价廉的产品、优质的服务来赢取顾客,提升商贸城知名度。

3. 活动主题

粽情商贸城,嗨翻五月五。

4. 活动时间

6月8—10日,共3天。

5. 活动内容

(1) 活动3天内,商贸城的播音室循环播出喜庆歌曲,并适时准确、简洁地播放活动内容,播放频率不小于1次/30分钟。让顾客随时了解活动情况,增添商贸城的节日购物氛围。

(2) 买粽送砂糖:活动3天内,凡在商贸城购买粽子一次性金额满30元,送砂糖0.5斤,满60元,送砂糖1斤,满90元以上送2斤,最多送6斤。凭当日收银小票到服务中心领取。赠品有限,送完即止。单张小票只能参加一次活动。

(3) 一"剪"双雕好省钱(1区6店做):活动3天内,凡持剪下的参与本活动的6家店DM封面优惠券,到店购物有以下优惠:购粽子9折优惠,购服装、鞋、家电、童玩、童车8.5折优惠,特价商品除外。单独收银专柜不参加。每人每次限用一张优惠券。

(4) 西瓜猜"重"就归你(2区6店做):活动3天内,凡在参与本活动的店内购物一次性金额满30元以上者(服装、鞋、家电一次性购物满50元以上者),凭当日收银小票到店头活动处可参与"西瓜猜'重'就归你"活动。如果顾客所报重量与西瓜的实际重量上下幅度不超过1两(含1两),西瓜立即免费赠送。赠品有限,送完为止。单独收银专柜不参加本活动。单张小票只能参加一次活动。

(5) 刮一刮,大奖拿(中药材店做,其他店不做):活动3天内,凡在商贸城中药材店购物一次性金额满200元以上者,凭当日有效的收银小票到店头抽奖处可抽奖一次,小票金额零头不计,小票不可累计。单张小票只能参加一次活动。单独收银专柜不参加本活动。

奖项设置:一等奖1名,奖品为29寸彩电1台。二等奖3名,奖品为高档凉席1床。三等奖5名,奖品为台式风扇1个。

即开即中,奖品当场发放。所有奖品不得兑换成现金。

(6) 凡于6月8日(端午节当日)过生日的顾客朋友来商贸城购物,无论金额大小,均可凭身份证领取精美礼物一份。

6. 经费预算

(1) 装饰布置用品:吊旗、气球、横幅、主题陈列饰物等。

费用预算:约10000元。

(2) 海报计划:3天一期简易海报,提升商贸城品牌形象。

费用预算:2000元。

(3) 奖品、换购商品。

预算费用:3000元。

(4) 赠送时尚小玩偶80个、美味粽子100袋。

费用预算:500元。

促销总费用预算：15500 元

7. 活动带来的影响

此次现场促销活动，通过提高顾客的活动参与热情，拉动销售、增加商家效益，将有利于树立商贸城在消费者中的良好形象，扩大商贸城知名度，加深与现有客户之间的合作关系，开拓新的客户源。

策划人：赵君
2016 年 5 月

四、相关知识

1. 什么是网络策划

网络策划是一项相对长期又复杂的系统工程，是直接用于指导企业网络营销实践的。策划人员根据相关实际和需要，对一些事情、产品、人物进行各方面的网络包装，涉及软文、图片、视频短片、写真、漫画等多种形式具体展示相关事物，借助各种平台进行宣传炒作，策划系列话题引发热点关注和讨论，达到广泛宣传的目的。

2. 网络策划的形式

网络策划的形式多种多样，有博客策划、QQ 群策划、视频策划、图片策划、问答策划、网络新闻策划、网络事件策划、网络软文策划、网络炒作策划等。

3. 网络策划基本原则

1）系统性原则

网络策划是以网络为工具的系统性的企业经营活动，它是在网络环境下对市场营销的信息流、商流、制造流、物流、资金流和服务流进行管理的。因此，网络方案的策划是一项复杂的系统工程。策划人员必须以系统论为指导，对企业网络策划活动的各种要素进行整合和优化。

2）创新性原则

网络为顾客对不同企业的产品和服务所带来的效用与价值进行比较带来了极大的便利。在个性化消费需求日益明显的网络环境中，通过创新，创造和顾客的个性化需求相适应的产品特色和服务特色，是提高效用和价值的关键。在网络方案的策划过程中，必须在深入了解网络环境尤其是顾客需求和竞争者动向的基础上，努力营造旨在增加顾客价值和效用、为顾客所欢迎的产品特色和服务特色。

3）操作性原则

网络策划的第一个结果是形成网络方案。网络方案必须具有可操作性，否则毫无价值可言。这种可操作性表现为在网络策划方案中，策划者根据企业网络营销的目标和环境条件，就企业在未来的网络营销活动中做什么、何时做、何地做、何人做、如何做的问题进行了周密的部署、详细的阐述和具体的安排。也就是说，网络策划方案是一系列具体的、明确的、直接的、相互联系的行动计划的指令，一旦付诸实施，企业的每一个部门、每一个员工都能明确自己的目标、任务、责任以及完成任务的途径和方法,并懂得如何与其他部门或员工相互协作。

4) 经济性原则

网络策划必须以经济效益为核心。网络策划不仅本身消耗一定的资源,而且通过网络方案的实施,改变企业经营资源的配置状态和利用效率。网络策划的经济效益是策划所带来的经济收益与策划和方案实施成本之间的比率。成功的网络营销策划应当是在策划和方案实施成本既定的情况下取得最大的经济收益,或花费最小的策划和方案实施成本取得目标经济收益。

4. 网络策划书基本格式

网络策划书是对某个未来的网络活动或者事件进行策划,并展现给读者的文本。

网络策划书形式多样,一般可分为商业策划书、创业计划书、广告策划书、活动策划书、营销策划书、网站策划书、项目策划书、公关策划书、婚礼策划书、医疗策划书等。

依据事件或活动的不同要求,网络策划书没有一成不变的格式,在策划文案的内容与编制格式上也有变化。但是,从网络策划文案的结构来看,网络策划书一般由标题、正文、落款三部分组成。

1) 标题

尽可能具体地写出策划名称,如"××××年××月××商场关于××活动策划书",要求清楚、明白、具体。

2) 正文

(1) 活动背景。活动背景应根据策划书的特点在以下项目中选取内容重点阐述,具体项目有基本情况简介、主要执行对象、近期状况、组织部门、活动开展原因、社会影响,以及相关目的动机。

其次应说明问题的环境特征,主要考虑环境的内在优势、弱点、机会及威胁等因素,对其做好全面的分析(SWOT 分析),将内容重点放在环境分析的各项因素上,对过去、现在的情况进行详细的描述,并通过对情况的预测制订计划。如环境不明,则应该通过调查研究等方式进行分析加以补充。

(2) 活动目的及意义。活动的目的、意义应用简洁明了的语言将要点表述清楚。在陈述目的要点时,该活动的核心构成或策划的独到之处及由此产生的意义(经济效益、社会利益、媒体效应等)都应该明确写出。活动目标要具体化,并需要满足重要性、可行性、时效性。

(3) 活动主题。主题是整个策划的灵魂,是统领整个活动,连接各个项目、各个步骤的纽带。要简明扼要地用语言概括出活动的主题。

(4) 写清资源需要。列出所需人力资源、物力资源。

(5) 活动开展。作为策划的主体部分,活动开展的表现方式要简洁明了,使人容易理解,但表述方面要力求详尽,没有遗漏。主要包含以下几点:

① 活动时间、地点;

② 人员的组织配置及相应权责;

③ 活动对象；
④ 活动形式与内容；
⑤ 活动流程。如有奖项设置，要写清楚相关奖项的设定，包括奖项的名称、金额、礼品、证书以及评分标准等；
⑥ 前期工作安排；
⑦ 活动现场；
⑧ 活动后期安排；
⑨ 要求与注意事项；
⑩ 应急预案。

在此部分中，不仅仅局限于用文字表述，也可适当加入统计图表等；对策划的各工作项目，应按照时间的先后顺序排列，绘制实施时间表有助于方案核查。

(6) 经费预算(尽量采用表格形式)。活动的各项费用在根据实际情况进行具体、周密的计算后，清晰明了地列出。

(7) 预期效果及展望。

(8) 活动负责人。注明组织者、参与者姓名、嘉宾、单位。

3) 落款

写明策划人或单位的名称(如果是小组策划应注明小组名称、负责人)，并署上日期。

5. 网络策划书写作注意事项

1) 主题单一，主旨突出

在策划活动的时候，要以企业总的营销思想为主旨，根据企业本身的实际情况(包括企业活动的时间、地点、预期投入的费用等)和市场分析的情况(包括竞争对手当前的广告行为分析、目标消费群体分析、消费者心理分析、产品特点分析等)做出准确的判断，并且在进行 SWOT 分析之后，提取出当前最重要的，也是当前最值得推广的一个主题。

2) 直接说明利益点

在活动策划中很重要的一点是直接说明利益点，如果是优惠促销，就应该直接告诉消费者你的优惠额数量，而如果是产品说明，就应该贩卖最引人注目的卖点，只有这样，才能使目标消费者在接触了直接的利益信息之后产生购买冲动，从而形成购买行动。

3) 活动要围绕主题进行并尽量精简

很多策划文案在策划活动的时候往往希望执行很多的活动，认为只有丰富多彩的活动才能够引起消费者的注意，其实不然。

(1) 活动多了，容易造成主次不分。很多市场活动搞得很活跃，也有很多人参加，似乎反响非常强烈，但是在围观或者参加的人当中，很多人是看完了热闹就走，或者是拿了公司发放的礼品就走了，即使是企业的目标消费群体也不一定购买产品。这里的问题就在于活动的内容和主题不符合，所以很难达到预期效果。在目前的市场策划活动中，有一些活动既热闹，同时又能达到良好的效果，就是因为活动都是围绕主题进行的。

(2) 提高了活动成本,却执行不力。在一次策划中,如果加入了太多活动,不仅要投入更多的人力、物力和财力,直接导致活动成本的增加,而且还有一个问题就是容易导致操作人员执行不力,最终导致策划案的失败。

4) 具有良好的可执行性

一个优秀的产品,一则良好的创意策划,再加上一支良好的执行队伍,才是成功的市场活动。而执行是否能成功,最直接、最根本地反映了策划案的可操作性。策划要做到具有良好的执行性,除了需要进行周密的思考外,详细的活动安排也是必不可少的。活动的时间和方式必须考虑执行地点与执行人员的情况进行仔细安排,在具体安排上应该尽量周全,另外,还应该考虑外部环境,如天气、民俗的影响。

5) 富有创意

一般来说,每个成功的策划书可能都会有自己的模式,无论是初学者还是文案工作者,都要善于向成功者学习。但是,在学习别人长处的时候,我们不能照搬照抄,而要融入自己的智慧,展开自己想象力的翅膀,用一种变化的观点去把握市场,努力做出内容、风格都让人耳目一新,令人印象深刻且富有创意的策划文案。

6) 避免主观臆断

在进行活动策划的前期,市场分析和调查是十分必要的,只有通过对整个市场局势的分析,才能够更清晰地认识到企业或者产品面对的问题,找到了问题才能够有针对性地寻找解决之道,主观臆断的策划者是不可能做出成功的策划的。

同样,在策划书的写作过程中,也应该避免主观想法,切忌出现主观类字眼,因为策划案没有付诸实施,任何结果都可能出现,策划者的主观臆断将直接导致执行者对事件和形势产生模糊的分析,而且,客户如果看到策划书上的主观字眼,会觉得整个策划案都没有经过实在的市场分析,只是主观臆断的结果。

五、范例欣赏与解析

巴蜀重机网络租赁公司策划书

一、项目基本情况

1. 公司简介

巴蜀重机网络租赁公司是一家从事重机租赁的网络租赁公司,即将传统的重机租赁搬到了互联网上,希望通过网络让更多的客户了解到公司的信息,扩大公司的业务范围,从而提高公司的业绩。

公司发展目标:就公司的发展情况而言,短期的发展目标以迅速占领巴中的重机租赁市场为中心,然后从巴中辐射周边地区,再到四川省,最后直到在全国的重机租赁市场占领一席之地,形成一个全国性的网上重机租赁公司。

2. 项目背景

随着房地产业以及道路的建设,对于重型机械的需求量越来越大,但是传统的线下租赁往往由于广告宣传的力度不够,导致很多产品找不到客户租赁,但是如果将这些招租信息发布到网上,那么无疑是用最低的投入获得了最大的宣传效果,从而增加租赁出去的概率。

3. 项目意义

(1) 实用价值:众所周知,如今的房地产业发展异常迅速,房价也迅速飙升,尽管在政府的调控下,房价得到了些许控制,但是还是没能遏制房地产业的发展,很多开发商依旧从事房地产业,于是,租赁经营的重型机械设备就有了用武之地。高速公路以及铁路的建设,都会用到重型机械,这也给公司的租赁业务提供了机会。

(2) 可行性:随着建筑业的飞速发展,建筑商为了达到建筑目标,务必引进一些重型设备,但是重型设备的价格往往不菲,因此他们更多的是选择"租赁",于是越来越多的线下租赁就诞生了。可是传统的线下租赁,由于受到地域的限制,往往生意不景气,导致产品积压而关门大吉。网上租赁则扩大了推广面,有效地解决了地域限制的问题。

4. 公司理念

我们的承诺:客户就是上帝,始终贯彻用户利益第一的服务宗旨,提供优质租赁服务,担当重机租赁先锋!

我们的愿景:短期目标是加深公司在民间的印象,提高知名度,进而占领巴中的重机租赁市场。公司实力雄厚时,将向全省乃至全国发展,成为一家全国知名的重机租赁公司。

5. 公司主营产品

(1) 移动式起重机(汽车吊)。

(2) 推土机。

(3) 装载机。

(4) 铲车。

(5) 挖掘机。

(6) 塔吊。

(7) 输送泵。

(8) 脚手架。

二、市场分析

1. 市场容量

由于公司的前期目标是迅速占领巴中市的市场,因此我们做了一个调查,巴中市内现有一条正在建设的铁路以及几条高速公路,还有不少的房地产开发商,他们都对重型设备有很大的需求量,并且他们也有能力支付设备的租赁费用,因此,市场的容量还是很大的。

2. 趋势

根据中国投资咨询网的调查数据显示:中国融资租赁最近几年发展速度非常快。2009年,受4万亿元投资拉动,中国融资租赁行业发展迅速。截至2009年年底,我国融资租赁业务总量达到3700亿元人民币,比2008年增长了138.7%。其中工程车辆、IT信息化等领域融资租赁业务量占总量份额最大,合计占融资租赁总业务量的27%。2010年中国融资租赁市场总交易额超过4200亿元人民币。在4200亿元融资租赁总交易额中,银行系金融租赁公司完成2000亿元,由商务部批准的非银行系金融租赁公司完成2200多亿元。

从上面的数据不难看出,未来租赁行业的发展将会持续走强,重型机械租赁的发展潜力是不可估量的,是值得我们去坚持的。

3. 竞争对手分析

利用搜索引擎以及根据我们几年来对市场的观察,目前还没有在巴中市建立网上重型机械租赁平台的商家,巴中市更多的还是传统的线下租赁。

三、公司的商业模式

1. 战略目标

公司的网上租赁平台属于推广平台,是直观地将产品展示到客户的面前,最终实现交易还是在线下。公司的目标是逐步占领巴中市的市场,然后扩大业务范围,最终目标是将业务范围扩展到全国市场。

2. 主打产品与服务

公司的主打产品是汽车吊,将秉承"顾客就是上帝"的宗旨,给客户提供优惠的价格和优质的服务。

四、公司网站的建设与推广

1. 网站建设

网站建设是为了让客户能够方便、快捷地找到想要租赁的产品。

(1)首页建设:必须重视网站首页的建设,这是给客户展示的第一印象,在网站标题上要显示独特性。

(2)产品图片展示:对产品实际图片进行展示,实地拍摄产品作业情形,介绍各种机械的操作说明、注意事项、出租地区等详细信息。

(3)产品推荐:向客户推荐本公司的产品。

(4)顾客留言箱:对于顾客提出的意见,我们会积极地向顾客解答并接受顾客的批评,及时改正我们存在的不足。

2. 网站推广

(1)线上推广,包括论坛推广、博客推广、百度知道推广、QQ群推广。

(2)线下推广,包括电视广告、报纸广告等推广方式。

解析:

这是一份大学生创业项目策划书。项目拟建巴中地区第一个网上重型机械租赁平台,在巴中地区重型机械租赁市场已较成熟的情况下,向市场提供一种新颖而便捷的服务产品。

该策划书格式完整,各部分内容逻辑严密;撰写者目的明确,为公司定位准确;语言简洁、通俗,篇幅长短适中;运用必要的图表(略)和数据说明,增强了策划的可操作性。

六、项目技能训练

1. 点评

试点评本项目中"三、习作文案展示"的赵君的习作文案。

2. 技能训练任务情景

小何从英国留学归来,便和 2 个同学开始了自己的创业尝试。几经周折之后,他们把目光投向了幼儿英语培训市场,筹资成立了"新苗幼儿英语培训中心"。

他们依托英国、美国及澳大利亚等国的权威儿童教育机构的多年研究成果,秉承英式教育方式,在国内传统英语培训的基础上,制定了全套符合 3~12 岁中国儿童的完整而科学的英语培养课程。

他们决定采取开放式英语教学模式,在全英语平台上,除了课堂教学外,定期会带小朋友去博物馆、美术馆和学校农场,让小朋友们能够开阔眼界,感受大自然,学习多元文化和生活常识,真正实现西方教育的中国本土化。

经过一段时间紧锣密鼓的筹备工作后,"新苗幼儿英语培训中心"终于完成了前期一切准备工作,10 月中旬,他们邀请政府相关部门领导、本地媒体、亲朋好友等,举办了隆重的开业典礼。

1) 任务

培训中心正式挂牌招生了。为了快速打开招生市场,同时也为了树立培训中心品牌形象,他们决定利用网络平台大力宣传推广。请代"新苗幼儿英语培训中心"撰写一份网络宣传策划方案。

2) 要求

(1) 策划方案针对性明确,要点齐备。

(2) 策划内容新颖、有创意,可操作性良好。

(3) 文案结构完整,语言简明。

(4) 图表运用恰当。

电商人才需求之七大岗位

(1) 文案策划师:重要指数☆☆☆☆☆

文案策划师的职责是产品的市场分析、同行的销量走势、产品文案设计、活动策划、销售额制定。

(2) 营运师:重要指数☆☆☆☆☆

营运师的职责是 SEO 分析、数据分析、同行分析、销售额制定。

(3) 财务人员:重要指数☆☆☆☆☆

财务人员的职责是财务管理,负责网店日常运营财务方面的处理。

(4) 拍照人员:重要指数☆☆☆☆

拍照人员的职责是为产品拍照。

(5) 设计人员:重要指数☆☆☆☆

设计人员的职责是店铺装修,海报设计,主图、详情页的制作。

(6) 客服:重要指数☆☆☆

客服的职责是跟客户沟通、货品跟踪、售后服务、电话沟通。

(7) 打包人员:重要指数☆☆☆

打包人员的职责是发货检查、货品打包。

(资料来源:《华西都市报》,2015年3月4日第四版)

参 考 文 献

[1] 倪宁.广告学教程[M].北京:中国人民大学出版社,2001.
[2] 崔文凯,王琰.商务文书写作一本通[M].北京:中国言实出版社,2005.
[3] 张建.应用写作[M].2版.北京:高等教育出版社,2010.
[4] 韦红宁,庄小彤.商务文案写作实训教程[M].北京:北京交通大学出版社,2011.
[5] 杨先顺,陈韵博,谷虹.广告文案写作原理与技巧[M].3版.广州:暨南大学出版社,2009.
[6] 韦晓军.会展文案写作[M].重庆:重庆大学出版社,2009.